FABIO RODRIGUES

EMPREENDA AGORA!

APRENDA A UTILIZAR O QUE VOCÊ JÁ SABE PARA ABRIR UM NEGÓCIO HOJE

Diretora
Rosely Bosohini

Gerente Editorial Pleno
Franciane Batagin Ribeiro

Assistente Editorial
Alanne Maria

Produção Gráfica
Fábio Esteves

Coordenação Editorial
Algo Novo Editorial

Preparação
Amanda Oliveira

**Capa, Projeto Gráfico
e Diagramação**
Vanessa Lima

Revisão
Rose Almeida, José Cascão,
Natália Domene Alcaide
e Fernanda França

Impressão
Gráfica Assahi

Copyright © 2022 by
Fabio Rodrigues
Todos os direitos desta edição
são reservados à Editora Gente.
Rua Natingui, 379 – Vila Madalena
São Paulo, SP – CEP 05443-000
Telefone: (11) 3670-2500
Site: www.editoragente.com.br
E-mail: gente@editoragente.com.br

CARO(A) LEITOR(A),
Queremos saber sua opinião sobre nossos livros. Após a leitura,
curta-nos no **facebook.com/editoragentebr**, siga-nos no
Twitter @EditoraGente e no **Instagram @editoragente** e visite-nos
no site **www.editoragente.com.br**.
Cadastre-se e contribua com sugestões, críticas ou elogios.

**Este livro foi impresso pela gráfica Assahi,
em papel pólen bold 70 g em junho de 2022.**

Dados Internacionais de Catalogação na Publicação (CIP)
Angélica Ilacqua CRB-8/7057

Rodrigues, Fabio
    Empreenda agora!: aprenda a utilizar o que você já sabe para abrir
um negócio hoje / Fabio Rodrigues. — São Paulo: Gente Autoridade,
2022.
    192 p.

    ISBN 978-65-88523-37-7

    1. Desenvolvimento profissional 2. Empreendedorismo 3. Negó-
cios I. Título

22-2582   CDD 174.4

Índice para catálogo sistemático:
1. Desenvolvimento profissional

NOTA DA **PUBLISHER**

A criatividade, a iniciativa e a inovação são marcas do empreendedorismo brasileiro. Não à toa, encontramos em todos os lugares projetos empreendedores que, com a metodologia e o aporte financeiro certos, seriam capazes de alcançar resultados relevantes, consolidando-se no mercado como negócios lucrativos.

Empreenda agora! é o presente de Fabio Rodrigues, grande entusiasta do empreendedorismo, para quem deseja começar a empreender e não sabe qual deve ser o primeiro passo. Com muitos *insights*, *cases* e referências, o autor mostra que empreender vale a pena e que cada pessoa possui, dentro da sua zona de conforto, algo para transformar em vantagem competitiva.

Nas próximas páginas, caro(a) leitor(a), você encontrará um guia objetivo, direto e humano, que alcança a dor do empreendedor iniciante. Tendo como base a vasta experiência como empresário, administrador e profissional do marketing, Fabio compartilha dicas para estruturar o seu Plano e Modelo de Negócios e criar estratégias para validar a sua ideia no mercado.

Empreenda agora! é uma obra leve, atual e necessária para qualquer pessoa empreendedora. Tenho certeza de que este livro será o incentivo de que você precisa para iniciar o seu tão sonhado negócio.

Boa leitura!

Rosely Boschini
CEO e Publisher da Editora Gente

DEDIC**ATÓRIA**

Dedico este livro a **você**, que precisa ou quer mudar de vida. Dedico também a todos os meus colaboradores e parceiros da U5 Marketing – Designers as a Service (www.U5marketing.com), aqui representados diretamente pelo Bruno e pelo Vini; e também às outras empresas que ajudei a fundar, porque **todo** aprendizado empreendedor que hoje posso compartilhar para ajudar pessoas é fruto do trabalho real que acontece desde 2010.

AGRADECIMENTOS

Escrever um livro é empreender e eu posso provar!

São tantas características comuns às duas atividades que qualquer empreendedor pode escrever um livro, e todo escritor já é também empreendedor.

Ambas as atividades requerem um trabalho bastante solitário mas, ao mesmo tempo, impossível de ser executado sozinho. Identificar, desenvolver e gerir uma empresa, tal qual escrever um livro, sempre vai precisar de um grupo de pessoas especiais que nos proporcione apoio, orientação, inspiração, ensinamentos, suporte, broncas, trabalho e amizade.

No livro, assim como na empresa, colhemos informações, metodologias, guias e muitos outros materiais para conseguir expressar em palavras (ou em soluções) tudo aquilo que julgamos importante, a fim de ajudar você a resolver algum problema e melhorar sua vida.

Para esta obra ter sido publicada e estar agora em suas mãos eu tenho muitas pessoas a agradecer. Começo elevando Claudia Santos, minha esposa. Meu amor, maior parceira de vida e sócia em todos os trabalhos; maior contribuidora de conteúdo, discussões, análises, desafios, viradas e vitórias. A pessoa que me faz melhor a cada dia e que me deu uma família completa e maravilhosa com nossos filhos Caio, Rebecca, Maria Eduarda e nossa netinha Alice.

Tenho também a honra de exaltar o time incrível da Editora Gente e da Imersão Best-Seller, aqui representado por três mulheres incríveis que conseguem extrair, com muito conhecimento, sutileza e autoridade, o que há de melhor em cada história. Minhas especialíssimas editoras Franciane Ribeiro e Alanne Maria, e a cereja do bolo, a encantadora CEO Rosely Boschini, que é um exemplo avassalador como gestora e ser humano, ajudando, com encanto e sabedoria, pessoas com propósitos a transformar suas experiências em histórias capazes de alterar vidas.

Eu optei mais uma vez por escrever diretamente meu livro, usando minhas próprias histórias, analogias, palavras, textos e expressões. Porém, assim como em uma empresa, precisamos de profissionais especializados em cada área para que o resultado seja o melhor possível. Eu não sou um escritor profissional, sou um empreendedor. Dessa maneira, contei com a ajuda de editores e escritores profissionais para revisar e tornar mais fluido o meu texto. Contei com marketeiros para preparar a diagramação, a capa e a estratégia. Tive a ajuda de profissionais de logística e distribuição para estar presente no máximo de pontos de acesso possível para que você pudesse me encontrar. Cada profissional atuando em sua área de especialidade vai contribuir para que eu cumpra melhor meu propósito de ajudar você a reorganizar a própria história e, quem sabe, até a mudar de vida. E assim foi feito.

Aproveito para enviar um beijo para minha amada mãe Glória, que recebeu uma singela homenagem em uma página deste livro; meu "pai-drasto" Fernando; meu pai Ataliba (*in memoriam*); minhas "irmães mais novas", Dani e Alê; a afilhada Luiza; os sobrinhos Gabri e Juju; a "Farofa Family"; os amigos do Original e todos os outros amigos empreendedores, que aqui serão ilustrativamente representados por cinco exemplos maravilhosos: Marco Flavio, Marcos Versteeg, Miguel Matos, Tio Artur, Fernando Vasconcellos, Ariel Alexandre e Vanessa Caldas. Sintam-se todos beijados e abraçados. Vocês são tudo que vale a pena!

SUMÁRIO

10   Prefácio de Caito Maia

16   Apresentação

18   Introdução

40   A real definição de empreendedorismo

60   Empreender vale a pena?

86   Por que você ainda não deu
o seu pequeno passo?

112   Identificando sua área de conforto!

124   Transforme sua área de conforto
em vantagem competitiva

134   Fazendo acontecer

152   Validando a sua ideia

166   Modelo de Negócios e Plano de Negócios

178   Não desista: O seu negócio está logo ali!

186   Seu plano de voo está dentro de você

PREFÁCIO DE CAITO MAIA

EMPREENDEDORISMO. Uma palavrinha cada vez mais escutada e, o mais legal, falada! Seja na mídia, seja em conversas, seja nas redes sociais, cada vez mais ouvimos que "fulano empreendeu".

O Brasil é um país empreendedor. E de empreendedores. São muitas as razões para esse fenômeno. Somos um povo com iniciativa, temos sonhos de mudar de vida, nos adaptamos bem a muitas situações econômicas – digamos – complexas. E ainda viemos ao mundo com um coração do tamanho do planeta, essencial para quem deseja se jogar na carreira empreendedora e crescer nela.

Mas, ao mesmo tempo que temos esse DNA da iniciativa, de querer mudar as coisas, de assumir as rédeas de um negócio, como em tantas outras áreas, é preciso constatar que geralmente estamos despreparados.

Foi o que aconteceu comigo. Eu tinha pouco conhecimento quando comecei, mais de 25 anos atrás. Sem conhecimento formal, o começo foi muito difícil pra mim. Muita tentativa e erro. Muita intuição. Errei e acertei na mesma medida. Fali a minha primeira empresa por absoluta falta de conhecimento em negócios e finanças.

Recomecei. Para continuar vivo, contei com a valiosa ajuda de pessoas mais preparadas que eu. O rol de conhecimentos que um empreendedor precisa dominar é vasto e ele fica mais forte com uma equipe de talento ao seu lado.

O que eu sempre tive foi foco e um enorme desejo de crescer e fazer minha empresa dar certo. E compensei aquilo que faltou com disciplina e motivação para fazer as coisas acontecerem.

O que mudou hoje, 25 anos depois, é que existe uma farta oferta de informações para quem deseja se jogar no mundo do empreendedorismo. Se por um lado as escolas tradicionais ainda carecem de uma melhor formação para os jovens sobre negócios, por outro lado as redes sociais estão aí e muito conteúdo bom vem sendo produzido por gente competente, no intuito de dividir suas histórias de sucesso, e também seus fracassos, para ajudar quem está começando.

Cada vez mais, conceitos e técnicas que certamente vão ajudar o empreendedor iniciante estão disponíveis no mercado, seja no digital, seja no bom e velho papel.

Uma das boas iniciativas nesse sentido é este livro, cujo propósito é, entre outros, desfazer mitos acerca do empreendedorismo e mostrar caminhos, às vezes tortuosos, que o empreendedor precisa e vai percorrer no objetivo de criar um negócio de sucesso.

Porque, como explica o Fabio, empreender não é um bicho de sete cabeças. Permanecer empreendedor é que é o grande desafio. Muitos negócios morrem, especialmente por falta de conhecimento por parte do empreendedor. Foi exatamente o que aconteceu comigo. Minha primeira empresa, a Blue Velvet, uma atacadista de óculos, faliu. Eu não tinha conhecimento técnico na área financeira e administrativa. Me faltou também experiência. Alguns clientes me deram calote e eu fali.

Dessa vivência, tirei inúmeras lições. Entre elas: saber se preparar, contar com gente de talento ao seu lado e, especialmente, garantir que o imprevisível esteja no radar. Muitas vezes, creio eu, empreender é lidar com o imponderável.

Ao mapear riscos e oportunidades e ter cuidado com as reviravoltas no mercado, você vai garantir que esteja mais sólido em sua estratégia. E aqui nestas páginas você vai achar muita informação que vai deixá-lo mais perto desse sonho dar certo. Você pode até ter experiência de mercado, mas vai descobrir, lendo esta obra, que ser executivo é muito diferente de ser empreendedor.

Eu aprendi que empreender é estar sempre alerta, é um estado de atenção constante. Jamais confunda empreender com montar um negócio e apenas usufruir do sucesso dele. Isso pode ser lindo em filmes e séries, no LinkedIn, mas não é a realidade em 99,99% das empresas de sucesso.

Para crescer, seu negócio precisa de constante atenção, carinho e muita, muita dedicação. Então se você empreende pelo glamour ou pelo lucro, vai perceber que está empreendendo pelos motivos errados.

Começar um negócio pode ser simples. Você não precisa de uma ideia brilhante. Costumo dizer que o mais importante, e Fabio deixa isso claro em diversas passagens, é o brilho nos olhos. O que é isso? Nada mais é do que a sua paixão pelo que está fazendo. Uma das primeiras coisas que você vai aprender, e eu aprendi isso na Chilli Beans e em tantos negócios dos quais participei como investidor ou então em mentorias, é que você só terá sucesso se trabalhar com algo que ama. Paixão pelo seu negócio é pré-requisito do empreendedor.

Investir, seja dinheiro ou tempo, visando apenas ganhar dinheiro, ou mesmo entrar numa tendência de mercado, só trará frustrações e suas chances de sucesso serão bem menores.

Ame seu negócio como um filho, como parte da sua família. É um chavão? Sim, eu sei. Mas pare e pense um pouco nos grandes empreendedores da história. Perceba a paixão pelos produtos, pela marca, pelas pessoas da equipe, pelo desafio de conquistar o consumidor a cada lançamento, a cada novidade. Se isso não é amor, eu não sei o que é.

Por falar em marca, esse é um dos pontos fundamentais para qualquer *business* de sucesso. Foi a marca que transformou a minha pequena banca localizada num mercado alternativo na maior marca de óculos escuros da América Latina. E marca não é apenas um nome, um logo, uma cor. A sua marca é seu jeito de fazer negócios, o DNA da sua empresa, o ativo mais valioso que você possui. Sua marca é sua reputação enquanto CNPJ.

Para chegar lá, o caminho geralmente é longo. Se você está começando agora e deseja que esse caminho fique menos cansativo, mais objetivo e com mais chances de acerto, nestas páginas Fabio traça um passo a passo didático, baseado em fatos e em sua vasta trajetória de mercado, que vai servir como alicerce na sua empreitada.

Um dos vários bons *insights* do livro, e algo com que eu concordo plenamente, é que muitos empreendedores gastam energia e recursos tentando fazer algo inédito, algo nunca visto. Direcionar seu foco para aquilo que você faz bem, faz melhor, pode ser um caminho muito mais frutífero e recompensador. A febre da inovação é boa, ela move o nosso mundo, mas nem toda empresa vai – ou precisa – inovar. Fazer bem-feito e garantir a satisfação do seu cliente é o melhor primeiro passo que você pode dar num negócio que está nascendo.

Outro ponto de destaque no livro é a abordagem do Fabio em relação a problemas. Porque, meu amigo, empreender é basicamente resolver problemas. Como já citei, se você empreende pelo glamour de ter um negócio seu, esqueça. O bom empreendedor é o que coloca as mãos na massa, que lida com as dificuldades e, como mencionei, com as inúmeras surpresas que vão aparecer no seu caminho. Com um plano bem definido e uma abordagem de fácil absorção, Fabio nos mostra que muitas vezes a solução para determinado desafio pode ser mais simples do que a gente imagina.

Como eu disse, o Brasil é um país de empreendedores. Temos a mais alta taxa de empreendedorismo mundial, um povo enérgico e diverso e ainda um jogo de cintura que – meu amigo! –, é incomparável. E temos boas ideias circulando por todos os lados. Somos um celeiro de empresas e marcas de sucesso.

Então, se você foi picado pelo bichinho do empreendedorismo, se busca criar valor e oferecer à sociedade algo que os consumidores desejem e estejam dispostos a comprar, seja bem-vindo! A sua hora é agora.

Este livro vai ajudá-lo, tenho certeza, a começar seu negócio com metodologia, embasamento e toda a experiência adquirida pelo Fabio em anos e anos de atuação em empresas de sucesso. Ao terminar, você já saiu na frente de muita gente boa por aí.

Boa leitura!

CAITO MAIA

Fundador da Chilli Beans

> O que dizer do grande Caito Maia que, com sua generosidade e gentileza, conseguiu impactar positivamente a minha vida em duas oportunidades diferentes. A primeira você vai conhecer logo no início deste livro. A segunda foi quando ele aceitou de imediato escrever o prefácio. Em apenas poucas páginas, Caito foi capaz de entregar mais conteúdo do que eu poderia, mesmo se escrevesse mais vinte livros. Ele é um verdadeiro *shark*.

APRESENTAÇÃO

SUCESSO é a primeira palavra deste livro.

No entanto, até no dicionário ela vem depois de **preparo**, portanto, cuidado!

Alguns meses antes de falecer, meu pai me deu um conselho importante para o primeiro livro que escrevi. Logo depois de ler o texto, ele disse: "Filho, a primeira palavra do seu livro é 'infelizmente', acho-a desnecessária na frase. Já na primeira palavra você revela sua opinião e todo o teor da obra. Acredito que o leitor deve descobrir a sua opinião durante a leitura. Não tire o suspense logo na primeira página".

Ao ouvir esse conselho, alterei a palavra para **inquestionável**.

A razão pela qual decidi seguir sua orientação não foi pelo carinho que eu sentia, mas pela experiência que ele possuía. Ele empreendeu por décadas antes de me dar aquele conselho, portanto, a avaliação tinha peso, lastro.

Além disso, a maneira como ele falou comigo foi muito interessante; não me mandou trocar uma palavra por outra, apenas observou, sugeriu e explicou o porquê da sugestão, deixando para mim o processo de refletir sobre o assunto e decidir sobre a troca.

Esse é exatamente o meu foco neste segundo livro: ajudar você a identificar, desenvolver e implementar uma ideia de negócio dentro de alguma área na qual já tenha conhecimento, construindo um processo com menos riscos e mais lucros. Sem imposições, apenas apresentando, de maneira simples e construtiva, um caminho baseado em minha própria experiência.

Tenho certeza de que você já é bom o suficiente em algo, e que pode explorar a área para identificar uma ideia e colocá-la em prática. E eu vou mostrar como.

Se você acompanhar meu passo a passo, vai concluir este livro com um negócio a ponto de começar: pequeno, correto e com um grande potencial de crescimento.

No começo, todo mundo é iniciante e amador, mas com prática e estudo, rapidamente é possível se tornar um profissional. Inclusive você.

INTRODUÇÃO

No dia 22 de agosto de 2012, às 16h30, eu estava dentro de um avião entre Rio de Janeiro e São Paulo, e chorava feito uma criança.

Eu tinha acabado de sair de uma reunião desastrosa com o nosso maior cliente na época, e havia recebido, por e-mail, a notícia oficial de que havíamos ficado em segundo lugar naquela que deveria ser a nossa maior vitória de todas. De novo. O dia estava ensolarado, e o avião, quase vazio. Eu escutava, pela décima vez seguida e no volume máximo do meu fone de ouvido, a música "Just Feel Better" de Carlos Santana e Steven Tyler[1] e, ao mesmo tempo, lia mais um capítulo do livro *E se colocar pimenta*,[2] de Caito Maia, o empresário criador da Chilli Beans, quando me veio uma vontade enorme de chorar. De chorar soluçando.

Não tive como disfarçar. Eu estava sentado na poltrona do meio da minha fileira, tentando esconder o rosto, enquanto a música

---

1   JUST Feel Better. Intérprete: Santana e Steven Tyler. *In*: ALL That I Am. Nova York: Arista Records, 2005. Faixa 5.

2   MAIA, C.; ARAÚJO, R. **E se colocar pimenta**. Rio de Janeiro: Alta Books, 2012.

repetia uma e outra vez *"Tell me what to do, you know I can't see through the haze around me, and I do anything to just feel better"* (em português, algo como "Me diga o que fazer, você sabe que não consigo enxergar através do nevoeiro ao meu redor, e eu faço qualquer coisa que me faça sentir melhor"). Foram aproximadamente dez minutos de um choro compulsivo que lavou a minha alma.

Não era tristeza, definitivamente. Era frustração, angústia, senso de responsabilidade e até um autoquestionamento: *O que eu estava fazendo com o meu dinheiro e com a minha vida?*

Esse episódio – que me marcou para sempre – aconteceu um pouco antes do segundo aniversário da nossa empresa de eventos que, até ali, ia muito bem e já tinha acumulado um faturamento de mais de 6 milhões de reais, com lucro líquido superior a 20%, e contava com onze funcionários, quatro sócios e mais de cem eventos realizados. No entanto, estávamos prestes a quebrar.

Quebrar... essa palavra assusta muito qualquer empreendedor ou dono de negócio, mas não deveria. Quer dizer, se naquela época eu já soubesse tudo o que sei hoje, não ficaria tão abalado pela notícia nem pela possibilidade de ter que alterar nossos planos e corrigir as rotas necessárias. Naquele momento, eu sentia que as coisas estavam erradas, mas não conseguia identificar a razão exata. **Mesmo com um bom lucro líquido, eu nunca tinha dinheiro sobrando na conta e os boletos não paravam de chegar. Era como sentir uma dor e não conseguir explicar para o médico exatamente onde doía.**

Apesar de acumular bastante experiência como executivo de grandes empresas, eu ainda não era um "empreendedor profissional". Será que todo mundo que começa a cozinhar já é um cozinheiro profissional? Não. E todo mundo que começa a jogar bola, já é um jogador profissional? Também não. Seguindo essa lógica, não é porque eu havia acabado de abrir uma empresa que já poderia me considerar um empresário profissional. Como empreendedor, eu ainda era um iniciante, um verdadeiro amador, cheio de sonhos, expectativas e falhas de conhecimento. Eu ainda via meu negócio a partir de uma visão que estava na minha cabeça, nos meus sonhos, com as referências anteriores que eu tinha adquirido nos meus cargos como executivo.

Avaliando agora, dez anos depois, consigo perceber que o nosso principal problema, naquela época, era a gestão do fluxo de caixa,[3] aquele controle absoluto que todo empreendedor precisa ter sobre as datas de entrada e saída de dinheiro, saber de onde ele vem e para onde vai. Acredite, é completamente possível (e muito comum) uma empresa quebrar tendo lucro. Basta não ter dinheiro suficiente em caixa para pagar as contas na data em que elas vencem. Acumulam-se dívidas, juros, multas, reclamações, perda de credibilidade e muitos outros problemas com fornecedores. É como receber salário no dia 30 sendo que o aluguel vence no dia 20, dez dias antes.

Aquele momento do choro no avião foi como um rito de passagem. Uma luz. Eu havia finalmente rompido com o romantismo ingênuo dos iniciantes e caído na real do que era gerir uma empresa. Foi como se eu tivesse saído da ilusão criada por todas aquelas frases motivacionais que escutei ao longo do caminho e passado a entender as consequências efetivas da decisão tomada dois anos antes, quando optei por deixar um ótimo emprego como diretor de vendas da Nokia do Brasil para abrir a minha própria empresa com mais quatro sócios.

---

3   Em finanças, o fluxo de caixa refere-se a todo o dinheiro que entra e sai do caixa da empresa, ou seja, ao montante recebido e gasto por uma empresa durante um período definido. Há diversos cursos de formação disponíveis sobre o tema, alguns inclusive gratuitos. Procure cursos sérios e reconhecidos, como os do Serviço Brasileiro de Apoio às Micro e Pequenas Empresas (Sebrae). Disponível em: https://www.sebrae.com.br. Acesso em: 29 mar. 2022.

Finalmente eu estava começando a entender o que é ser um **empreendedor profissional**!

Eu não nasci empreendedor, eu me tornei um empreendedor. E, acredite, o caminho foi sempre cheio de dúvidas, medos e contratempos, como são todas as jornadas. Inclusive, é assim que será a sua.

Nasci em Brasília, em 1975, e fui criado em um ambiente completamente avesso ao empreendedorismo. A cidade ainda era muito nova e, como foi planejada para ser o centro do funcionalismo público do país, praticamente todas as famílias incentivavam os filhos a prestarem concursos e se tornarem servidores públicos. Minha vida não foi diferente. Não havia estímulos, informações, nem mesmo treinamentos on-line para empreender nos anos 1980 e 1990. Vale lembrar que não existiam ainda Google, YouTube, redes sociais, Hotmart e outras fantásticas ferramentas digitais que hoje tornam a nossa vida muito mais fácil.

Apesar desse condicionamento familiar e cultural, eu já tinha definido em minha cabeça que trabalharia como funcionário em uma grande empresa privada. Eu sonhava ser um executivo de sucesso e, após terminar a faculdade de Administração e uma pós--graduação em Marketing, consegui uma posição de analista pleno na Americel, empresa de telefonia celular recém-criada na época (1998) e que, depois, foi anexada ao grupo Claro. Quatro anos depois, mudei-me para São Paulo para trabalhar na Microsoft, na área de vendas para o governo e, em seguida, fui para a Nokia do Brasil. Com uma carreira que cresceu rapidamente, aos 29 anos cheguei ao cargo de diretor de vendas na Nokia e permaneci por mais de cinco anos nesse cargo, respondendo diretamente ao presidente. Passei também um período nas áreas de *trade marketing* e novos negócios.

Como todo ciclo, o meu como executivo estava chegando ao final. Meu chefe me convidou para uma conversa dizendo que eu poderia tentar buscar uma posição dentro da organização na América Latina ou a nível global, e me ofereceu a oportunidade de avaliar por quatro meses qual seria o meu próximo passo, deixando bastante claro que eu teria que sair da filial brasileira ao final desse período.

Quem já passou por uma situação como essa sabe que, em um momento assim, a cabeça entra em parafuso. Se por um lado me sentia realizado pelas conquistas até então, entusiasmado com as novas oportunidades que se abririam a partir da minha decisão, por outro sentia muitas dúvidas, até medo. Tive diversas noites maldormidas, tomei dezenas de cafezinhos com amigos e mentores, fiz intensas pesquisas e me senti bastante empolgado com o que achei ser o caminho mais acertado. Foi quando tomei a famosa decisão: *vou sair para empreender!* No entanto, ainda não sabia exatamente em quê.

Tomar a decisão de "sair para empreender", ou escolher "abrir uma empresa" é sempre um processo complicado. Foi para mim e será para você também. De acordo com o dicionário, a palavra "decisão" significa escolha, opção; ou seja, uma renúncia.[4] Portanto, ao decidir por um caminho, você está abrindo mão de outros. **As pessoas pensam que a parte mais difícil de tomar uma decisão é escolher aquilo que você quer, mas o difícil mesmo é abrir mão das opções que você não escolheu**. E tudo bem, porque, na verdade, são poucas as decisões que você toma na sua vida que realmente não têm volta, e todas elas abrem novos caminhos.

Ao abrir um negócio, você vai vivenciar um período único. Experimentar a sensação de liberdade plena, como se não houvessem mais limites. É como se você tivesse recebido um superpoder.

---

4   DECISÃO. *In*: DICIONÁRIO Brasileiro da Língua Portuguesa Michaelis. São Paulo: Melhoramentos, 2022. Disponível em: https://michaelis.uol.com.br/moderno--portugues/busca/portugues-brasileiro/decisao/. Acesso em: 24 abr. 2022.

Por outro lado, você também precisa saber que estará arriscando muito. Empreender é optar por um caminho difícil, sem salário fixo, férias garantidas por lei, décimo terceiro salário, estabilidade e, ainda por cima, sobrecarregado por novas obrigações que impactam diretamente você e sua família. Como iniciante, você vai precisar trabalhar muitas horas extras apenas para compensar o fato de não saber o que vai acontecer no dia seguinte. Você vai errar bastante, desperdiçar dinheiro, sentir cansaço e lidar com a desconfiança de parentes e amigos.

O grande desafio, portanto, é saber dosar e administrar essa quantidade de emoções intensas e antagônicas até que você deixe de ser um iniciante e saiba viver bem dentro da nova realidade profissional.

No período de transição, é absolutamente normal sentir, ao mesmo tempo, excitação e hesitação. Não importa se você saiu do emprego porque quis ou se foi demitido, se nunca teve um emprego fixo ou se já é aposentado, se tem sua situação financeira estável ou se vive na corda bamba, variando entre o saldo vermelho e o azul. Sempre que a decisão for empreender, o frio na barriga vai ser enorme.

Tomei essa decisão há quase doze anos pelas mesmas razões que muitas outras pessoas: para testar algo novo, ser independente, ficar rico, não ter mais chefes, eliminar a chance de ser demitido, construir algo meu, ter liberdade de ação. Entretanto, muito pouco do que eu imaginei aconteceu da maneira como planejei. Este é um ponto que você precisa ter sempre em mente antes de empreender: na teoria, a prática é outra. Seus negócios, por mais perfeitos que sejam na execução de todos os detalhes, nunca serão exatamente iguais ao que você imaginou, pois abrir uma empresa é uma experiência que você só sente na prática. É como se eu tentasse explicar a você o sabor do abacaxi da Cornualha.[5] Você vai precisar provar para entender, e isso pode sair muito caro.

Também existem alguns (dis)sabores que você talvez prefira não provar e acreditar na opinião de quem já conhece. Como uma pimenta muito forte, um limão muito azedo, ou mesmo o gosto de uma fruta da Malásia chamada durião, que dizem ter um sabor único e um aroma tão ruim que é descrito como "cheiro de lixo", e é proibida em hotéis e transportes públicos do país. Assim, talvez você prefira deixar de lado esse tipo de experiência.

Imagine a seguinte situação: desde criança você vê várias pessoas ao seu redor dirigindo um carro, correto? Dirigir é algo tão comum e corriqueiro que, ao prestar bastante atenção, você passa a entender o funcionamento dos pedais, das marchas e percebe como e quando fazer curvas e ultrapassagens. Um belo dia, você chega à conclusão de que já **observou** o bastante e decide que também é capaz de dirigir. Pega a chave, liga o carro, repete todos aqueles movimentos que aprendeu olhando e conversando com motoristas e coloca o carro em movimento, uma maravilha. Depois de alguns dias de **prática**, você começa a se sentir seguro o suficiente para explorar novos caminhos e arriscar um pouco mais de velocidade, começando a se deslocar pelas avenidas da cidade. Tudo vai bem, até que aparece uma placa de sinalização desconhecida na sua frente indicando que, a partir daquele ponto, a rua passa a ser contramão, ou seja, apenas carros no sentido oposto ao seu são permitidos, mas você não **estudou** a teoria, e não conhece os sinais e as regras de trânsito. Consequentemente, entra pelo lado errado, se **apavora**, comete alguns erros graves e se envolve em um grande acidente.

---

5   O abacaxi da Cornualha é uma fruta exótica cultivada em Heligan, na costa da Cornualha. A fruta tem um sabor bem diferente e metade do tamanho do abacaxi que conhecemos, e cada unidade pode custar até 1.600 dólares.

Parece trágico, não é mesmo? Mas essa história aconteceu comigo e acontece todos os dias com milhares de pessoas que decidem empreender pela primeira vez. Por acharem que já **observaram** tudo aquilo que precisam saber sobre um assunto, partem para a **prática** antes de passar pela fase de **estudo** e se arriscam em "carros muito mais velozes" e "pistas muito mais movimentadas" do que o recomendável para o seu nível de experiência, conhecimento e **controle emocional**.

Os iniciantes erram muitas vezes em coisas relativamente simples, mas que podem prejudicar os negócios. Gastam dinheiro demais em coisas exageradas como o aluguel de salas luxuosas ou espaços compartilhados maiores do que o necessário, contratam serviços de internet, limpeza e vários outros em quantidade e potência maiores do que de fato precisam, buscam ajuda de funcionários caros ou cedo demais, desperdiçam dinheiro em almoços e cafés com potenciais clientes só para impressionar, escolhem regimes tributários equivocados e, ainda, cometem muitos outros equívocos que logo acabam com o capital inicial do negócio.

Sendo assim, depois de observar o comportamento empreendedor durante toda a minha experiência, considero que os quatro pilares que todo iniciante deveria compreender são:

1. Há conceitos básicos que você pode assimilar por **observação**;
2. Outros, você só vai aprender na **prática**;
3. Alguns, apenas por meio de **estudo**;
4. Além disso, há de se considerar o forte **fator emocional** do processo de assimilação.

Todo começo é complicado. Em qualquer área. Seja ao iniciar em um novo emprego, começar a cozinhar, andar de bicicleta, namorar ou abrir uma empresa. No entanto, com tempo, atenção, estudo e prática, você vai melhorando e passa a dominar as ferramentas mais simples e fica apto a lidar com as mais complexas. Chega, então, um momento em que tudo começa a fluir. Hoje você faz contas de somar e subtrair com facilidade, mas em algum momento da sua infância isso foi bastante desafiador, não é verdade? É como dominar o controle remoto de uma televisão nova ou aprender as regras de um jogo que você nunca jogou.

Se eu soubesse, no início da minha empresa, tudo o que sei hoje, estaria milionário. Mas precisei passar por aquelas dificuldades para aprender o que sei hoje. É tudo parte do mesmo ciclo: aprendemos errando e erramos para aprender.

Em minha jornada como empreendedor, meu maior aprendizado foi que eu deveria ter começado devagar, testando e melhorando rapidamente cada passo, investindo pouco dinheiro, acreditando nos bons conselhos que recebi e seguindo-os, mas, sobretudo, fazendo algo que eu já conhecesse muito bem e me sentisse confortável em fazer.

A verdade é que fiz tudo ao contrário. Empreendi em uma área que era nova para mim, me joguei de cabeça em um mercado que não conhecia, investi quase todo o dinheiro que tinha guardado, gastei demais em coisas desnecessárias, tive sócios demais e não ouvi os conselhos de pessoas mais experientes que eu.

Como consequência, a empresa quase quebrou (e eu quase desisti de ser empresário) em menos de dois anos de operação. Se eu não tivesse sido resiliente o bastante, hoje faria parte da estatística mais famosa do Sebrae, que revela que, aproximadamente, 50% das novas microempresas quebram em até dois anos após a fundação.

Cabe ressaltar que estou usando como referência os gráficos 9 e 10 de um estudo sobre sobrevivência das empresas brasileiras,[6] e ambos classificam a taxa de mortalidade das empresas de acordo com o porte. Nesse caso, a categoria que mais nos interessa é a das Microempresas, a segunda menor em faturamento e maior, em volume, atrás apenas da categoria chamada MEI (Microempreendedor Individual).

Essas duas categorias são a entrada formal no mundo empresarial, pois possuem regras específicas de apoio ao novo empresário e, também, os menores limites de faturamento anual. A microempresa é a primeira categoria que permite que você tenha sócios,[7] portanto, é a preferida pelos novos empreendedores.

Voltando à música "Just Feel Better", que desencadeou em mim aquela enxurrada de emoções e lágrimas dentro do avião, a letra fala sobre uma pessoa que está se sentindo muito angustiada, passando por uma fase da vida em que nada parece dar certo. Ela precisa tomar uma decisão que a faça sentir-se melhor. Exatamente o que eu estava vivendo.

A GRANDE SACADA

Naquele voo, com tantas emoções e problemas, foi como se um raio tivesse caído na minha cabeça. Foi um momento de revelação do

---

6 SERVIÇO Brasileiro de Apoio às Micro e Pequenas Empresas – Sebrae. **Sobrevivência das empresas no Brasil**. Brasília, 2016. Disponível em: https://www.sebrae.com.br/Sebrae/Portal%20Sebrae/Anexos/sobrevivencia-das-empresas-no-brasil-102016.pdf. Acesso em: 29 mar. 2022. p. 24.

7 BRASIL. Lei Complementar nº 123, de 14 de dezembro de 2006. Institui o Estatuto Nacional da Microempresa e da Empresa de Pequeno Porte; altera dispositivos das Leis nº 8.212 e 8.213, ambas de 24 de julho de 1991, da Consolidação das Leis do Trabalho – CLT, aprovada pelo Decreto-Lei nº 5.452, de 1º de maio de 1943, da Lei nº 10.189, de 14 de fevereiro de 2001, da Lei Complementar nº 63, de 11 de janeiro de 1990; e revoga as Leis nº 9.317, de 5 de dezembro de 1996, e 9.841, de 5 de outubro de 1999. Disponível em: http://www.planalto.gov.br/ccivil_03/leis/lcp/lcp123.htm. Acesso em: 29 mar. 2022.

tipo "eureca!". Desembarquei em São Paulo e fui direto para casa conversar com a minha esposa (e sócia) para propor mudarmos tudo na nossa empresa.

Foi quando, finalmente, passamos a enxergar algumas coisas óbvias. Até esse dia, o nosso produto era organizar e produzir eventos corporativos para grandes empresas, só que não éramos especializados no assunto. Entregávamos bons eventos para os nossos clientes, mas não tínhamos verdadeiros diferenciais que nos dessem vantagens competitivas em médio e longo prazo. Além disso, éramos quatro sócios e não lucrávamos o suficiente para remunerar bem todos. Nossa estrutura, apesar de pequena, era bem mais cara do que deveria, e desperdiçávamos muito dinheiro por todos os lados, desde o aluguel até o contrato de limpeza.

Precisávamos parar e tomar uma decisão. Mas qual?

A saída que encontramos foi parar de tentar adivinhar algo novo e inédito que o mercado pudesse querer. Invertemos o processo. Definimos primeiro algumas áreas que já conhecíamos muito bem e passamos a procurar problemas reais que nos incomodavam dentro delas para, então, encontrar soluções e resolvê-los.

Justamente quando começamos a procurar problemas dentro de áreas que conhecíamos muito bem (nossas áreas de conforto), foi que as respostas começaram a brotar por todos os lados, tal como uma cena de filme. Não era mágica, era experiência e observação.

Naquele momento, minha esposa e eu somávamos quase quarenta anos trabalhando em grandes empresas multinacionais. Sabíamos praticamente tudo o que era possível saber sobre o funcionamento de empresas desse porte; as necessidades, os modelos de contratação, demandas do departamento jurídico, limitações de pagamento, jargão, relação com as agências de publicidade, dores, negociação com as áreas de compras, restrições locais e modelos de orçamento, por exemplo. Além disso, ainda tínhamos um belíssimo grupo de amigos (o bom e velho *networking*) trabalhando em diversas dessas empresas.

Após um acalorado brainstorming – nome dado a uma conhecida técnica de criatividade que explicarei mais tarde –, identificamos um serviço de que as áreas de marketing das grandes empresas sentiam falta e que, certamente, poderiam comprar de nós se conseguíssemos empacotá-lo de um jeito especial, que atendesse às regras e modelos do segmento.

O principal entrave para se vender qualquer coisa para grandes empresas é o Modelo de Negócios, pois precisa passar pelo aval de diversas áreas, seguir as regras restritas do departamento jurídico e da área de compras e, ainda, obedecer a uma infinidade de pequenos detalhes que não estão descritos em manuais, mas que nós conhecíamos muito bem, porque tínhamos experiência como colaboradores dessas empresas. Era a nossa área de conforto.

Montamos, então, uma oferta de serviço de gestão de "*in house* corporativa". Uma solução que nós adoraríamos ter contratado quando estávamos sentados nas cadeiras de marketing e vendas dessas instituições, mas que ninguém nunca nos ofereceu. Um serviço mensal contratado para criar e gerir, dentro das empresas, pequenos grupos de profissionais de design dedicados à criação e multiplicação de artes de maneira rápida e ilimitada.

Estávamos resolvendo dois grandes problemas ao mesmo tempo:

1. Permitir que o gerente de marketing conseguisse implementar múltiplas campanhas simultaneamente, em vários canais on-line e off-line, com grande volume e velocidade;

2. Garantir adequação às principais questões relacionadas ao modelo corporativo, como contrato mensal renovado automaticamente, confiança na entrega, prazo largo de pagamento, possibilidade de aumento ou diminuição da demanda, flexibilidade de cancelamento e alinhamento aos contratos.

Mesmo com um bom lucro líquido, eu nunca tinha dinheiro sobrando na conta e os boletos não paravam de chegar. Era como sentir uma dor e não conseguir explicar para o médico exatamente onde doía.

FABIO RODRIGUES – EMPREENDA AGORA!

Ou seja, nossa oferta brilhava aos olhos do gerente de marketing ao mesmo tempo em que passava com nota 10 nas questões mais burocráticas.

O próximo passo foi **validar rapidamente nossa solução** (produto/serviço) com pessoas e empresas reais. Assim, telefonamos para vários colegas que ocupavam posições de marketing em empresas que conhecíamos e apresentamos nossa oferta batizada de *"Designers as a service"*. Perguntamos se seria interessante colocarmos designers profissionais dedicados exclusivamente para atendê-los por quatro ou oito horas todos os dias, na modalidade de contrato mensal de prestação de serviços. **As respostas foram tão positivas que decidimos começar logo a testar.**

Em apenas três meses, alteramos completamente o nosso Modelo de Negócios e refundamos a empresa com outro nome: U5 Marketing. Foi um momento empolgante e ao mesmo tempo muito difícil para nós, pois desfizemos a sociedade com os outros dois sócios e buscamos formas de ajudar os nossos funcionários (que não eram designers) a encontrar novos empregos. Dos onze, mantivemos apenas dois que atuavam na área de criação de arte, e os outros nove foram para outras empresas, sendo que um deles também virou microempresário com nosso apoio.

No primeiro ano dessa nova operação, vimos a receita anual cair de quase 6 milhões de reais com eventos para apenas 220 mil com os serviços de design. No entanto, agora tínhamos controle absoluto da operação, um diferencial competitivo claro e sabíamos que a retomada das receitas era apenas uma questão de tempo, como de fato aconteceu. Alguns anos depois, possuíamos quase setenta posições de designer contratadas, atendendo de maneira recorrente mais de vinte clientes corporativos no Brasil e em Portugal, onde abrimos uma filial em 2018.

O processo que utilizamos para essa transformação foi fazer o óbvio, sem inovações malucas que muitas vezes alimentam mais o nosso ego do que o negócio em si.

Estes foram os nossos passos nessa jornada:

- **Estabelecer nossas áreas de conforto** com atividades que conhecíamos muito bem, em áreas que dominávamos;
- **Identificar oportunidades de negócios dentro dessas áreas de conforto** e oferecer serviços que deveriam existir ou funcionar de maneira diferente;
- **Escolher uma oportunidade viável, para começar imediatamente** com alguma coisa que conseguíssemos realizar com os recursos que já tínhamos;
- **Validar a solução com pessoas próximas que fossem da área,** e as reações logo nos diriam se valia a pena ou não seguir adiante;
- **Começar a vender a solução rapidamente, em pequena escala, para testá-la e aperfeiçoá-la.** O início das vendas indicaria os caminhos possíveis e revelaria as dificuldades;
- **Crescer devagar e com segurança, dando um passo de cada vez,** investindo apenas no estritamente necessário, de acordo com a "dor" dos clientes.

Identificar quais são as suas áreas de conforto, aquelas áreas e atividades que você já conhece muito bem, é o principal segredo para o seu sucesso. Trabalhar em algo que já domina é a oportunidade mais real e segura que você tem para iniciar sua primeira empresa, com menor risco e maior probabilidade de acerto.

É dentro dessas áreas de conforto que você vai entender rapidamente se as suas ideias são boas ou não. A partir daí basta seguir um passo a passo profissional, um método, para criar a oportunidade que você tanto procura para mudar de vida.

E eu vou explicar como a seguir:

O PONTO DE PARTIDA

Minha amiga Mariana gosta muito de cozinhar e vou usar a história dela para mostrar como fiz para encontrar várias oportunidades imediatas de negócios dentro da principal área de conforto dela: gastronomia.

Mariana não era uma chef profissional, mas mesmo sem ter frequentado os melhores cursos de gastronomia, sempre demonstrou muito talento na cozinha. Preparava pratos que todo mundo elogiava e vivia colecionando e testando novas receitas. Era uma pessoa apaixonada que sabia exatamente o que fazer com os ingredientes, além de dominar o dia a dia do fogão (lembrou alguém que você conhece?).

Quando ela perdeu o emprego "tradicional", ficou muito frustrada e ouviu de muitas pessoas que deveria abrir um restaurante. Só que as habilidades e recursos necessários para ser uma boa dona de restaurante são completamente diferentes das habilidades que ela tinha para ser uma boa cozinheira.

Uma boa cozinheira é alguém que tem sensibilidade para misturar ingredientes e encontrar novos sabores e aromas, já uma boa dona de restaurante precisa saber contratar mão de obra, lidar com contabilidade, leis trabalhistas, gestão de custos, compras de estoque, logística, uniformes, precificação, margens de lucro, concorrência...

Quando começou a avaliar todos esses pontos, Mariana ficou desanimada porque viu seu sonho ficar cada vez mais distante. A única forma que ela enxergava, até então, para empreender era mesmo muito complexa. Quando começamos a conversar, lembrei a ela que uma pessoa que cozinha bem, seguramente já encostou muitas vezes a "barriga no fogão", tem marcas de queimaduras nas mãos, viu receitas desandarem ou passarem do ponto mesmo com grande experiência em culinária e é, portanto, capaz de transformar todo esse conhecimento não apenas em uma ideia, mas em inúmeras oportunidades de negócios.

Começamos a deixar nossa mente viajar solta e fizemos uma lista de várias atividades que ela poderia desenvolver com aquele conhecimento que já possuía em culinária, em vez de buscar uma área completamente nova e muito mais arriscada.

Estávamos falando da primeira experiência empreendedora da Mariana, então deveria ser simples, algo que ela já soubesse executar e que a ajudasse, rapidamente, a sair do plano das ideias para a prática, enquanto aproveitava a oportunidade para se desenvolver nos conceitos básicos de gestão de empresas.

Dentre as opções que pensamos estavam:

- Fazer comida congelada e vender aos parentes, vizinhos e amigos;
- Ir à casa das pessoas para cozinhar pratos que a própria pessoa depois pode congelar;
- Cozinhar marmitas para vender nos escritórios ou comércios das redondezas;
- Elaborar pratos especiais sob encomenda;
- Alugar uma cozinha de algum clube ou restaurante (no dia em que ele fecha ao público, por exemplo) para fazer e servir um cardápio especial a convidados pagantes;
- Ser cozinheira eventual em bares e restaurantes (cobrir faltas, folgas ou férias);

- Assar e vender frango na garagem ou na frente de casa aos fins de semana;
- Fazer churrasco, massas, crepes e outras especialidades em domicílio;
- Criar um canal de culinária no YouTube para ensinar receitas simples e práticas;
- Montar um curso de culinária caseira básica para solteiros e recém-casados;
- Oferecer um serviço de buffet para festas;
- Desenvolver alguma ferramenta de cozinha que ela sentisse falta no dia a dia (uma espátula diferente, uma tábua dobrável, um descascador inusitado);
- Escrever um livro de receitas simples que podem ser feitas em quinze minutos;
- Fazer feira ou supermercado para pessoas sem tempo ou com dificuldades de mobilidade;
- Fazer salgados para fornecer às lanchonetes, bares e restaurantes da região;
- Fazer e vender salgados e doces no meio da tarde para os funcionários dos escritórios do bairro;
- Fazer brigadeiros e doces para vender na escola que frequenta ou nas empresas da região;
- Identificar temperos raros ou difíceis de encontrar e representá-los em sua região;
- Pesquisar novos pratos e oferecer as receitas para restaurantes exclusivos;
- Ou até... abrir um restaurante familiar.

Quantas outras ideias você seria capaz de acrescentar à lista para ajudar Mariana a ganhar dinheiro dentro da sua área de conforto?

Veja que todos os itens da lista são ideias de empreendedorismo, mas não estão limitadas à ideia óbvia, e bem mais complexa, de abrir um restaurante.

Minha proposta com este livro é fazer exatamente o mesmo com você: auxiliá-lo a identificar uma ou mais áreas de conforto que você já tenha e buscar, dentro delas, dezenas de ideias de negócios que você pode começar hoje, na condição financeira e de tempo que tem agora. Ou seja, um método que você pode seguir para aprender a empreender!

O primeiro ponto você já entendeu: identifique quais são as suas áreas de conforto, aquilo que você já conhece muito bem. Pode ser um emprego que você teve, um hobby, uma paixão, uma curiosidade, um esporte, um grupo. Tudo aquilo que você conheça bem o suficiente para conversar com qualquer pessoa. Essas são as áreas mais prováveis para encontrar um produto, serviço ou processo que contenha falhas que você possa melhorar ou resolver de tal maneira que alguém queira pagar pela solução.

Depois, eu vou acompanhar você em sua jornada até o início do negócio, garantindo que não desperdice dinheiro, não tenha sócios demais, ou errados, e evite uma série de outros contratempos que quase todos os iniciantes enfrentam.

Na primeira parte da obra, vamos identificar quais são as suas motivações para empreender, definir o que é empreendedorismo e falar um pouco sobre os aspectos emocionais dessa decisão.

Depois, na segunda parte, vou ajudar você a definir as suas possíveis áreas de conforto e a identificar, dentro de cada uma delas, pelo menos dez diferentes ideias de negócio para que você possa escolher a mais viável de colocar em operação imediatamente, respeitando suas condições e limitações no momento (situação financeira, tempo e recursos à disposição, por exemplo). No final dessa parte, você saberá qual é o seu negócio, o seu público e o problema que está resolvendo com a sua solução, e terá também noção de custos, preços, dificuldades de produção e de distribuição.

Por fim, na terceira parte deste livro, ajudarei você a desenvolver o seu Modelo de Negócios e falaremos brevemente sobre dinheiro, aspectos jurídicos, como lidar com funcionários, sócios, logística, contabilidade, produção e pós-vendas, que são os componentes de um bom Plano de Negócios.

Garanto que ao terminar a leitura, você estará mais bem preparado para abrir seu primeiro negócio imediatamente. Saberá o que significa empreender e decidir o quanto está disposto a se comprometer com essa ideia. Conseguirá definir com clareza aquilo em que você já é bom o bastante, estabelecerá o seu nicho de atuação e seu público-alvo e criará uma ou mais soluções que resolvam problemas reais pelos quais as pessoas estejam dispostas a pagar.

Reforçando o conceito mais importante: empreender é **sempre** começar devagar, dentro das condições que você possui. Não adianta dar um passo maior que a perna, se endividar, fazer sociedade com pessoas que não agregam, gastar mais do que tem ou querer criar algo tão diferente que não interessa a ninguém.

Com esta leitura, você receberá o superpoder de transformar as suas ideias e habilidades em negócios, tudo isso com a certeza de que está trilhando o seu próprio caminho e não seguindo o sonho de terceiros.

Agora é hora de começar... mas você sabe mesmo o que é empreendedorismo?

Trabalhar em algo que já domina é a **oportunidade mais real e segura** que você tem para iniciar sua primeira empresa, **com menor risco e maior probabilidade de acerto.**

FABIO RODRIGUES – EMPREENDA AGORA!

A REAL DEFINIÇÃO DE EMPREENDEDORISMO

Em 2015, eu acumulava cinco anos como empresário e já tinha passado por tantas aventuras, avanços e retrocessos que nem conseguia mais me lembrar de tudo. Nesse curto espaço de tempo, pouco maior que o período entre duas Copas do Mundo de futebol, eu já havia criado uma empresa de eventos corporativos com quatro sócios (U5 Eventos), transformado essa empresa em outra completamente diferente, agora na área de design (U5 Marketing), promovido o desligamento de dois dos quatro sócios originais, faturado mais de 20 milhões de reais em negócios, ficado a milímetros de distância da falência completa, contratado mais de trinta pessoas, tomado mais de mil cafés com amigos, parceiros e potenciais clientes e finalmente começava a encontrar a minha maneira de empreender.

Esse foi o período que precisei para me transformar em um **empresário profissional**, já acostumado com as atividades, acontecimentos e ansiedades de ser dono do meu próprio tempo e da minha agenda. A partir daí, me senti confortável o suficiente para abrir mais uma empresa: a Mídia e Cupom, com sócios sensacionais de quem eu nunca tinha ouvido falar antes, dentro de uma indústria sobre a qual eu não conhecia nem 1% do que deveria e em que, além de tudo, eu seria também o CEO, acumulando dois chapéus executivos (dois cargos de CEO ao mesmo tempo).

No ano seguinte, entendendo que tudo corria bem, decidi abrir mais uma empresa e, dessa vez, convidei uma amiga excepcionalmente talentosa para se juntar a mim na Design Agora, uma pequena agência de marketing focada em microempresas e startups. Seguimos essa estratégia por quase dois anos, até que minha sócia decidiu juntar-se a outro grupo e seguir seu caminho. Somos amigos até hoje.

Nesse período, aprendi a importância de ter bons parceiros e descobri que nem todos precisam ser parceiros de negócios. O importante é ter parceiros. Amigos do mesmo universo empresarial que se sentam com você para conversar, independentemente do ramo de cada um. Pessoas que trocam experiências sem medo de falar demais, compartilham fornecedores, lágrimas e sorrisos e podem até fazer negócios com você.

Após esses primeiros cinco anos de intensa atividade como empresário, entendi algo muito importante: empreender não significa abrir uma empresa. E meu principal objetivo nesta parte do livro é tirar das suas costas a pressão de precisar "abrir" alguma coisa para se sentir um empreendedor. Vou explicar melhor:

Empreender vem de uma palavra do idioma francês, *entreprendre*, que literalmente significa começar a executar uma ação, em geral longa e complexa.[8]

---

8 Em francês, *"Commencer à exécuter une action, em général longue ou complexe"*. ENTREPRENDE. *In*: LAROUSSE Dictionnaire. Paris: Larousse, [*s. d.*]. Disponível em: https://www.larousse.fr/dictionnaires/francais/entreprendre/30065. Acesso em: 29 mar. 2022.

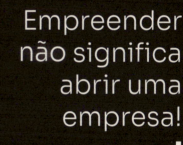

> Empreender não significa abrir uma empresa!

FABIO RODRIGUES – EMPREENDA AGORA!

Com isso, eu volto a afirmar que você <u>não</u> precisa abrir uma empresa para ser considerada uma pessoa empreendedora. O que você precisa fazer é começar a colocar em prática as suas ideias, de maneira planejada, cautelosa e contínua.

É óbvio que qualquer projeto que você iniciar dessa maneira pode acabar virando uma nova empresa, daquelas tradicionais, constituídas legalmente, mas não precisa começar assim. Esse projeto pode ser "apenas" uma iniciativa que melhore algum produto, serviço ou processo já existente. Pode ser uma atividade paralela ao seu emprego, ou uma melhoria em uma área da empresa na qual você trabalha, pode ser a invenção de uma nova ferramenta, real ou virtual, um projeto de internet, um projeto cultural, o aprofundamento de um hobby ou até um projeto social. Não há muitos limites.

EMPREENDEDOR *VERSUS* EMPRESÁRIO

No dia seguinte àquele em que tomei a "grande decisão" de sair do meu emprego tradicional para empreender, eu já me intitulava empreendedor. Eu realmente estava tomando uma atitude empreendedora, mas confundindo *ser empreendedor* com *ser empresário*.

De acordo com o dicionário Michaelis,[9] *empresário* significa "pessoa que se estabelece com uma empresa ou indústria, tomando a seu cargo a execução de um trabalho". Ou seja, podemos afirmar que todo empresário é um empreendedor, pois colocou as ideias em execução, mas nem todo empreendedor precisa ser um empresário, porque **não** é preciso abrir uma empresa ou negócio para ter uma atitude empreendedora.

---

9 EMPRESÁRIO. *In*: DICIONÁRIO Brasileiro da Língua Portuguesa Michaelis. São Paulo: Melhoramentos, 2022. Disponível em: https://michaelis.uol.com.br/moderno-portugues/busca/portugues-brasileiro/empresario. Acesso em: 29 mar. 2022.

Além disso, a definição de empresário é muito genérica, pois coloca no mesmo barco todos os tipos de empresários que existem, e esses são inúmeros. Por exemplo: empresário de grande ou pequeno porte? Rural ou urbano? Do ramo de serviços ou de produtos? Um empresário do bem ou sem escrúpulos? Socialista ou capitalista? Experiente ou novato? Com uma história de sucesso ou falido? Todos esses adjetivos já estão diferenciando os empresários, mas essa é apenas a ponta do iceberg, pois também encontramos diferenças nos tipos de atividade empresarial. Quase nenhuma atividade empresarial é igual a outra. Muda o cenário, muda o produto, muda o cliente e muda, sobretudo, o conhecimento e a experiência de quem está à frente do negócio. Por isso, é muito importante avaliar que tipo de empresário você é hoje, não apenas para se conhecer melhor e entender suas fortalezas e fraquezas, mas também para retirar de si o peso de comparações erradas (e até maldosas) que você mesmo ou outros possam fazer e, acredite, essas comparações não o ajudarão em nada.

É necessário separar as categorias de conhecimento e de nível de performance para que possa ser feita uma análise justa. Por exemplo, quando comecei, em 2010, era ainda um empresário iniciante, com um pouco de dinheiro no bolso e muito mais vontade que conhecimento. Não poderia me colocar na mesma categoria que o Abilio Diniz,[10] megaempreendedor bilionário, nem na mesma categoria que o Seu Manuel, dono de uma padaria que funciona há mais de vinte anos no mesmo local. Ambos possuem em seus legados muitas qualidades e conhecimentos que eu ainda não tinha adquirido. Como iniciante, me faltavam aspectos técnicos, como controle financeiro e tributário; aspectos emocionais para saber lidar com os ímpetos, as inseguranças, alegrias e tristezas; e também

---

10 BIOGRAFIA: Conheça a sua história. **Portal Abilio Diniz**, 2018. Disponível em: https://abiliodiniz.com.br/biografia/. Acesso em: 29 mar. 2022.

aspectos práticos, como contratar e demitir, receber e treinar novos funcionários, legislações e muitos outros.

Portanto, tire dos seus ombros o peso de ter que abrir uma empresa, uma loja, um escritório, ou um CNPJ de sucesso instantâneo. Não se sinta obrigado a conquistar tudo em tempo recorde. **Comece pelo básico: procure algo que incomoda você dentro de uma área que já conhece muito bem, sua área de conforto, e encontre uma solução para esse problema. Comece devagar e siga de maneira consistente.**

TIPOS DE EMPREENDEDORISMO

O consórcio Global Entrepreneurship Monitor (GEM), uma das mais sérias entidades do mundo no estudo e acompanhamento do empreendedorismo, define o termo como "Qualquer tentativa de novo negócio ou criação de novo empreendimento, como trabalho autônomo, uma nova organização empresarial ou a expansão de um negócio existente, por um indivíduo, uma equipe de indivíduos ou uma empresa estabelecida."[11] Ou seja, o próprio GEM diferencia a atividade de uma pessoa e a atividade de um grupo ou de uma empresa.

Quer dizer que qualquer coisa que eu coloque em ação será considerada empreendedorismo? Também não vamos exagerar. Como dito anteriormente, empreendedorismo é uma iniciativa consistente que você toma para melhorar algo, de maneira planejada

---

[11] Em inglês, "*Any attempt at new business or new venture creation, such as self-employment, a new business organization, or the expansion of an existing business, by an individual, a team of individuals, or an established business.*" HOW GEM Defines Entrepreneurship. Londres, [*s. d.*]. Disponível em: https://www.gemconsortium.org/wiki/1149. Acesso em: 29 mar. 2022.

e contínua, sozinho ou em grupo. Pode ser um novo produto, um novo serviço ou um novo processo.

Veja alguns exemplos muito praticados de empreendedorismo:

- **Intraempreendedorismo:** É também conhecido como empreendedorismo corporativo. A ideia é desenvolver e colocar em ação ideias ou projetos que melhorem uma área da empresa em que você trabalha, seja ela pública ou privada. Essas iniciativas, quando vão além da função para a qual você foi contratado, sempre exigem uma dose razoável de inovação e risco. Dessa maneira, qualquer processo novo que você deseje implementar em sua área que produza efeitos longevos é considerado intraempreendedorismo.

Como diretor de vendas da Nokia, fui responsável pela venda de telefones celulares para algumas das maiores operadoras de telefonia celular no Brasil. A minha responsabilidade era vender e entregar mais de 250 milhões de dólares em produtos por ano, e a cada três meses eu tinha reuniões com as áreas de suprimentos dessas empresas para negociar volumes, preços e prazos de entrega daqueles modelos acertados entre meu time e as áreas de marketing das operadoras. Para transformar os planos em realidade, cada vez que apresentávamos nosso portfólio, precisávamos criar campanhas "fora da caixa" e eficientes que justificassem não apenas a escolha da marca Nokia, mas também o aumento no volume que desejávamos.

Esse é um exemplo simples de intraempreendedorismo que praticávamos diariamente: desenvolver soluções criativas que iam além das nossas funções básicas do dia a dia. Eram incentivos, premiações, patrocínios e viagens que fugiam da rotina de vendas de produtos. Do outro lado da mesa de negociações, as áreas de compras das operadoras tinham o próprio objetivo final: comprar o maior número possível de aparelhos pelo menor preço e ainda receber o maior volume das nossas verbas de marketing. Um pequeno desconto de 5% no valor dos produtos gerava para a operadora uma economia líquida de 10 ou 15 milhões de dólares por ano. Ou seja, o "outro lado da mesa" também precisava criar argumentos de compra convincentes para possibilitar a economia e, por isso, havia muitos estratagemas de negociação, como níveis de aprovação, dificuldades de prazo, planilhas confusas, exigências de última hora, troca do negociador, novos cenários, e muitos outros.

Imagine que, em uma única negociação bem executada, o gerente de compras poderia conseguir um resultado líquido anual para a companhia equivalente a toda uma área regional de vendas. Nesse exemplo, tanto o meu time de vendas quanto o time de compras da operadora criavam estratégias intraempreendedoras cada vez mais surpreendentes para atingir os próprios objetivos.

Outro exemplo mais simples de intraempreendedorismo é o caso de um ajudante de cozinha que propõe um novo prato ao chef do restaurante em que trabalha. Inicialmente, ele foi contratado para cortar legumes, cuidar do pré-preparo dos alimentos, apoiar o cozinheiro oficial no dia a dia e, até, para lavar pratos. No entanto, por também gostar de cozinhar e ser um bom observador, tem a ideia de um novo prato, experimenta fazê-lo e é bem-sucedido. A iniciativa dele é típica de um intraempreendedor.

- **Empreendedorismo social:** Esse tipo de empreendedorismo acontece quando alguém cria uma atividade consistente, organizada e metódica para ajudar pessoas, animais, o meio-ambiente ou determinada comunidade vulnerável. A finalidade da ação é apoiar, servir, cuidar, proteger e recuperar, e não necessariamente gerar lucro para acionistas. Muitas empresas formais nascem dessas iniciativas, como as organizações não governamentais (ONGs) e as cooperativas. Porém, tenha em mente um ponto importante: as empresas sociais não trabalham de graça e nem vivem de esperança. Muitas delas precisam, sim, gerar lucro como meio de sobrevivência para financiar suas operações, pagar salários, impostos e fazer investimentos estratégicos de crescimento. A grande diferença é que o excedente de lucro tem como objetivo prover ainda mais ajuda à causa social e não enriquecer o fundador.

- **Empreendedorismo apoiado (franquias):** De acordo com a Lei da Franquia,[12] as franquias são empresas já estabelecidas, que autorizam por meio de contrato, uma pessoa ou empresa a atuar como um franqueado e a utilizar suas marcas e outros direitos de propriedade intelectual para estabelecer um negócio. Essa modalidade pode ser muito boa para você começar sua vida empresarial ou expandi-la, desde que você escolha um parceiro estabelecido em uma área de negócios que você já conheça bem. Por exemplo, se você trabalhou durante anos no ramo imobiliário, procure uma franquia especializada em compra, venda, locação ou decoração de imóveis, e não uma no ramo de macarrão. Lamentavelmente, as pessoas tendem a apostar todas as suas fichas no conhecimento alheio, na imagem e reputação da empresa-mãe, a franqueadora, e isso não basta. Eu pouco indico a modalidade de franquia para quem deseja abrir o primeiro negócio, pois o apoio que o franqueador oferece, por melhor que seja, normalmente não supre a falta de experiência ou de conhecimento inicial que o gestor precisa ter sobre o básico de administração de empresas. São muitos contratos, custos

---

12 BRASIL. Lei nº 13.966, de 26 de dezembro de 2019. Dispõe sobre o sistema de franquia empresarial e revoga a Lei nº 8.955, de 15 de dezembro de 1994 (Lei de Franquia). Disponível em: http://www.planalto.gov.br/ccivil_03/_ato2019-2022/2019/lei/L13966.htm. Acesso em: 29 mar. 2022.

e investimentos que, em geral, vão além do controle de um iniciante. Em vez disso, comece com algum projeto próprio de pequeno porte e depois passe para as franquias. Mesmo assim, procure um projeto de franquia dentro da sua área de conforto para que, assim, você possa focar os meses iniciais aprendendo o máximo possível sobre as burocracias e os aspectos específicos desse modelo único de parceria, como contratos, garantias, cláusulas de multas e obrigações.

- **Empreendedorismo digital:** Conhecido popularmente como "negócio on-line", o empreendedorismo digital é a atividade de começar a vender ou prestar serviços utilizando, principalmente, os canais digitais como meio de acesso ao público (redes sociais, blogs, sites próprios, newsletter, master class, cursos, infoprodutos e plataformas de e-commerce, por exemplo), em vez do tradicional mundo físico formado por "cimento e tijolo".

O mercado digital vem crescendo rapidamente e de maneira exponencial e, com isso, novas oportunidades de negócios surgem todos os dias para aquelas pessoas que já estão familiarizadas com o ambiente digital e suas ferramentas, ou dispostas a aprender essas técnicas.

Acredito bastante nesse mercado, mas enfatizo a importância de você desenvolver o próprio conhecimento sobre ele e sobre as oportunidades que pode criar, muitas vezes, com baixíssimo investimento. No entanto, mesmo no mundo virtual, algumas etapas são bastante parecidas com as do mundo físico. Por exemplo, que dor você ou o seu produto/serviço estão resolvendo? Qual solução você está propondo para diminuir ou eliminar essa dor? Qual é o seu público-alvo? O que ele busca? Como ele se comunica? Se você tem concorrentes, quais são? Como você vai gerar receitas com esse novo negócio? Quanto dinheiro e tempo você vai precisar investir para criar e gerar o seu conteúdo? De quais ferramentas vai precisar? Tudo isso é parte de um conhecimento necessário e fundamental para transformar tentativas em negócios reais. Se essa tentativa for aplicada em sua área de conforto, será, sem dúvida, uma das melhores opções em que você pode se envolver hoje.

No mundo digital, há pelo menos quatro espaços diferentes pelos quais você pode entrar: seja produzindo conteúdo relevante para um determinado público (informação, entretenimento, cursos), revendendo produtos e promoções de outras empresas (afiliados), criando sites de vendas (e-commerce) ou transformando-se em uma referência de algum assunto ou segmento (*influencer*). Além disso, a cada dia surgem novos espaços para atuação como, por exemplo, o *boom* das criptomoedas, o desenvolvimento da tecnologia NFT (*non-fungible token*, ou, em português, token não fungível) e o nascimento do Metaverso.

- **Empreendedorismo individual:** É o tipo de empreendedorismo mais comum e mais volumoso. Aquele em que a pessoa vende a própria força de trabalho ou o conhecimento dentro de uma perspectiva planejada de carreira.

Nessa categoria estão, praticamente, todos os profissionais liberais: dentistas, arquitetos, contadores, freelancers, escritores, consultores, designers, programadores, pedreiros, professores particulares e centenas de outras atividades profissionais em que o indivíduo presta serviços remunerados, dentro de uma carreira organizada. A pessoa estuda e se especializa em determinado ramo e, então, vende o próprio tempo e dedicação.

Essa é uma carreira muito comum, em que é possível, inclusive, obter reconhecimento e grande remuneração, e não deve ser confundida com o trabalho informal.

- **Empreendedorismo "Subordinado":**[13] Também conhecida como "uberização do trabalho",[14] é a modalidade mais preocupante, pois diferentemente da anterior, as pessoas não estão exercendo uma atividade ou carreira planejada para o crescimento profissional. Em geral, estão tentando sobreviver com a única maneira que encontraram naquele momento, e muitas vezes são exploradas por uma grande empresa, sem perspectivas de crescimento ou estabilidade em médio e longo prazo. As pessoas continuam subordinadas a um empregador, mas não são oficialmente funcionárias, e muitas vezes abrem uma empresa para poder receber suas comissões sem um vínculo empregatício nos termos da lei trabalhista.

De acordo com a pesquisadora da Universidade de Campinas (Unicamp) Ludmila Costhek Abílio, "o empreendedorismo assume na atualidade usos diversos que se referem de forma obscura aos processos de informalização do trabalho e transferência de riscos para o trabalhador, o qual segue subordinado como trabalhador, mas passa a ser apresentado como empreendedor".[15]

O governo muitas vezes tenta chamar essa categoria de trabalhadores de empreendedores apenas porque estão legalizados com um CNPJ na modalidade MEI, mas, para mim, isso é uma anomalia do sistema, porque não há qualquer planejamento ou apoio oficial para o crescimento desses indivíduos nem para a evolução das suas empresas. São apenas maquiagem nas estatísticas dos balanços oficiais para não exibir o alto número de desempregados. Os exemplos são vários: engenheiro dirigindo táxi, administrador entregando

---

13 ABILIO, L. C. Uberização: Do empreendedorismo para o autogerenciamento subordinado. **Psicoperspectivas**, v. 18, n. 3, 2019. Disponível em: https://www.psicoperspectivas.cl/index.php/psicoperspectivas/article/view/1674/. Acesso em: 11 abr. 2022.

14 *Ibidem.*

15 *Idem.* p. 4.

comida por aplicativo, advogado trabalhando como motorista informal de uma grande empresa, atleta medalhista olímpico atendendo clientes em um call center e pessoas que, mesmo sem graduações formais, estavam desenvolvendo carreiras em diversas áreas antes de serem forçadas ao desemprego. Isso **não** é empreendedorismo, é luta por sobrevivência. Meu sonho é que essas pessoas consigam se estabelecer e planejar o próximo passo para que passem à categoria anterior, empreendedor individual, ou encontrem novos empregos em suas competências originais.

Este livro nasceu, verdadeiramente, do meu intuito de ajudar todas as pessoas que precisam começar seu primeiro negócio, de maneira correta, planejada e organizada.

O CONFUSO TERMO "STARTUP"

Start-up, em inglês, significa "começar algo". É uma junção de termos que acabou se tornando uma palavra bastante usual e que agora denomina uma categoria de empresas e negócios.

Hoje em dia, é muito comum conversar com alguém e descobrir que essa pessoa está abrindo uma startup, ou que possui uma startup. Em geral, essa expressão é utilizada para se referir a uma empresa nova, inicialmente pequena, que ainda está se estruturando e, portanto, funcionando de maneira "meio informal" ou aceitando utilizar métodos não tradicionais para se estabelecer de maneira rápida, como por exemplo não ter processos bem delimitados, nem equipes ou profissionais dedicados a cada uma das funções.

Para compensar essa falta de estrutura, surgiram definições como empresa ágil, dinâmica, veloz e desburocratizada. Mas sejamos sinceros... dizer-se veloz na tomada de decisões e criativa no uso de escassos recursos financeiros também pode ser uma maneira de glamorizar o difícil começo de qualquer empresa. Sem nenhuma novidade, essas definições são muito parecidas com qualquer empresa que está começando. Todo mundo que já participou da abertura de um novo negócio é capaz de identificar o padrão: pouco dinheiro, poucos processos, muitas decisões, muita velocidade e pouca gente.

Então, o que define de verdade uma empresa como uma startup?

De maneira simplificada, a minha definição de startup é: uma empresa que já nasce digital, propondo uma solução inovadora que pode ser rapidamente replicada para o mundo todo (escalabilidade), e cuja alavancagem depende do aporte de recursos de investidores.

Você pode estar se perguntando por que eu coloquei a minha definição, e não uma definição já consagrada. Simplesmente porque, no mundo, não há uma definição padronizada sobre o que é uma startup. Cada instituição ou autor define o termo de uma maneira diferente, porém quase todas as definições giram em torno da mesma ideia. Quer ver? A Associação Brasileira de Startups, ABSTARTUPS, define que "startups são empresas em fase inicial que desenvolvem produtos ou serviços inovadores, com potencial de rápido crescimento".[16] Eric Ries, um dos meus autores favoritos sobre empreendedorismo e criador da incrível metodologia startup enxuta,[17] diz que "é uma instituição humana desenhada para criar um produto ou um serviço sob condições de extrema incerteza". Se formos ainda mais amplos, podemos buscar em um artigo da prestigiada revista

---

16 TUDO que você precisa saber sobre startups. **ABSTARTUPS**, 5 jul. 2017. Disponível em: https://abstartups.com.br/o-que-e-uma-startup. Acesso: 29 maio 2022.

17 A metodologia foi transformada em livro: RIES, E. **A startup enxuta: como usar a inovação contínua para criar negócios radicalmente bem-sucedidos**. Rio de Janeiro: Sextante, 2019.

Business Insider[18] um compilado de várias definições que acabam sempre mencionando o uso de tecnologia, o ambiente de incerteza, muita inovação e crescimento rápido.

O importante aqui, a meu ver, é que esse tema não deveria ser uma preocupação para a maioria das pessoas, incluindo você que pensa em abrir o seu primeiro negócio. Em vez disso, preocupe-se antes em aprender o básico: avaliar, testar e evoluir a partir do que deu certo.

Quando chegar ao final deste livro, você vai poder colocar em prática a sua primeira grande ideia, começar a ganhar dinheiro e entender o dia a dia de ser um empresário. Pode ser que a sua empresa seja considerada uma startup ou não, mas o que realmente importa é que ela funcione, produza lucros que possibilitem a sua continuidade e, melhor ainda, que dê a você a experiência necessária para transformá-lo em um empreendedor profissional.

TIPOS DE EMPREENDEDOR

Em 2006, o escritor Mark Sanborn lançou um livro chamado *Você não precisa ser chefe para ser líder*[19] e nele definiu que caso o indivíduo apresentasse algumas características específicas em nível pessoal e profissional, poderia ser chamado de "líder", mesmo que não tivesse um título hierárquico formal.

Outro grande autor e palestrante, Simon Sinek, um dos meus favoritos, menciona também que é possível o indivíduo ter um título que lhe confira autoridade e não ser um líder. E o contrário também é válido,

---

18 SHONTELL, A. This is The Definitive Definition of a Startup. **Business Insider**, 31 dez. 2014. Disponível em: https://www.businessinsider.com/what-is-a-startup-definition-2014-12. Acesso em: 29 mar. 2022.

19 SANBORN, M. **Você não precisa ser chefe para ser líder: como qualquer pessoa em qualquer lugar pode fazer uma diferença positiva**. Rio de Janeiro: Sextante, 2009.

ou seja, a pessoa ser um líder, sem ter qualquer cargo de autoridade, já que "a característica que faz um líder é a sua capacidade de conquistar o respeito e a confiança das pessoas ao seu redor, contribuindo e direcionando o seu trabalho, seja diretamente ou apenas pelo exemplo".[20]

"Ser empreendedor" é a mesma coisa. Você não precisa de uma definição formal. Basta que coloque em prática as suas ideias de maneira controlada e organizada e siga a sua jornada desenvolvendo as características de um executor, que são a observação, a curiosidade, o aproveitamento das oportunidades de melhorias, o estudo e a análise constante dos processos que o levam a atingir o resultado que você imagina. Além, é claro, da prática dessas ideias em novos projetos. Cabe ao empreendedor estudar constantemente as ferramentas capazes de ajudá-lo a atingir o resultado desejado e ter a compreensão de que o caminho é evolutivo, ou seja, um pouco de cada vez, sempre.

Atenção: nunca se esqueça da importância do aspecto emocional. Seja resiliente para aceitar que as coisas podem (e provavelmente vão) dar errado, e isso faz parte do processo de aprendizado e evolução. Sempre estude e compreenda as causas dos resultados de cada ação que você implementou para que possa rever o caminho, aprender com os erros, repetir com os acertos e planejar o próximo passo. Tenha vontade e ousadia para colocar em prática as boas ideias que surgirem. Todas essas são características comuns às pessoas realmente inquietas na busca por novas oportunidades.

Um dia recebi uma dica que virou uma obsessão para mim e acredito que também pode ajudar você: **"Não basta identificar e corrigir os erros, é fundamental entender também a razão dos acertos"**.

---

[20] HAVING authority may give you a title, but it's trust that makes you a leader. 2021. Vídeo (1 min). Publicado pelo canal Simon Sinek Inc. Disponível em: https://www.linkedin.com/posts/simon-sinek_leadership-authority-activity-6869128069085458432-T6OA. Acesso em: 29 mar. 2022.

Eu tinha um líder na Nokia que, toda vez que eu trazia um resultado surpreendentemente bom, me perguntava, em tom sério, o que eu tinha feito de diferente para ter aquele sucesso. Ele não me parabenizava enquanto não escutasse a minha explicação. O raciocínio é bem simples: muitas vezes, você "acerta" e pensa que foi por ter tomado uma decisão correta, mas, na verdade, foi sorte. E sorte não é garantia de repetição.

Imagine que você realizou três meses de vendas excepcionais de um produto. A euforia o empolga, e você, rapidamente, encomenda um grande estoque daquele item, para descobrir em seguida que a razão do sucesso foi uma falha de entrega do seu principal concorrente que já foi corrigida. Sua empresa vai ficar com o estoque parado e você vai precisar fazer uma promoção para desová-lo, ainda com prejuízo.

PERFIL EMPREENDEDOR

Será que todo empreendedor é falante, expansivo, acelerado? Todo empreendedor é inquieto, conta piada, trabalha muito e dorme pouco? É obvio que não.

Empreendedor é aquele que tira a ideia da cabeça e a coloca em execução. E você pode fazer isso de diversas maneiras, respeitando o seu estilo, a sua personalidade e os seus aprendizados ao longo da vida. Por isso é importante desfazer alguns estereótipos, pois cada pessoa tem uma maneira diferente de ser e agir, e não é o seu comportamento externo, as roupas que usa, sua orientação sexual, o estilo de dança que prefere ou a idade que vão definir o seu perfil empreendedor, e sim o que você é capaz de realizar e a maneira como o faz.

Ao montar seu primeiro time de sócios, parceiros ou funcionários, o que realmente importa é de que maneira cada um vai contribuir para o objetivo, e o melhor mesmo é que as contribuições individuais sejam todas complementares ao grupo.

Pense em um time de futebol. Mesmo que você não conheça bem o esporte, sabe que, dentro da equipe, existem perfis totalmente diferentes de jogadores, correto? Há um profissional de quase dois metros de altura que fica o jogo inteiro embaixo da trave, pode jogar com as mãos e sua função é não deixar a bola entrar. Existe um de menor estatura que fica na frente e corre muito porque é o principal responsável por marcar os gols. Há também um mais forte, que fica no meio de campo, e sua responsabilidade é identificar e destruir as jogadas do time adversário. Bem ao lado dele, tem um canhoto muito habilidoso responsável por criar as melhores jogadas do time e atrair para si o máximo de marcadores do time oposto, possibilitando abrir espaço para os ataques. Na prática, quase todos os jogadores são diferentes e complementares, exercendo uma função muito bem definida dentro de campo. De nada adiantaria ter onze atacantes ou onze goleiros.

Cada equipe precisa ter pessoas adequadas para as funções que vão exercer. Isso inclui diferenças de personalidade, gostos e conhecimentos, mas todos farão o melhor e serão parte daquele time de atletas formidáveis e bem treinados que terão sempre o mesmo objetivo: ganhar o campeonato. Além dos jogadores, o time ainda é composto por um grande grupo de funcionários e parceiros. Há um técnico responsável pela estratégia, um preparador físico, um roupeiro, uma pessoa responsável pelas viagens, outra pelos contratos. Uma pela gestão financeira e outro grupo enorme de pessoas que fazem a máquina funcionar. Imagine se o responsável pelas bolas falha em seu trabalho? Um time inteiro fica sem treinar. Se o massagista não tiver qualidade, pode ser que o principal jogador sofra uma lesão muscular. Cada função tem uma importância crucial para a trajetória de toda a equipe.

Em novas empresas, a dinâmica com os funcionários funciona da mesma maneira. É muito importante que cada função tenha um especialista responsável. E todos eles são empreendedores, independentemente da função que exerçam ou de seus traços principais de personalidade. Pode ser que haja uma pessoa de vendas que é falante, expansiva e tem argumentos superconvincentes; Outra, de contabilidade, que sabe tudo sobre números, ama dançar e trabalha quase o dia todo usando fones de ouvidos. A responsável pelo marketing, que é surpreendente e criativa, pode ser muito tímida e introspectiva, e assim também pode ser a pessoa da logística, que encontra soluções fantásticas para entregar os produtos da maneira mais rápida e com a melhor qualidade. Todos eles se juntaram para realizar um objetivo comum de fazer a empresa funcionar e podem bater no peito para dizer, ao mesmo tempo, que são empreendedores e fundadores de uma mesma empresa. Cada um com a sua função, jogam em equipe e são páreo duro para todos os adversários.

Seja você mais reservado ou expansivo, mais criativo ou analítico, o que realmente importa é encontrar um negócio ou posição que tenha a ver com o seu estilo, personalidade, habilidades e competências, e que você complemente o grupo. Não tente mudar o seu jeito para se adaptar a algo que você não conhece. Isso não é um ato de heroísmo, é um ato de dificultar o trabalho dos outros. Aprenda aquilo que é fundamental e você ainda não sabe; entenda aquilo que é interessante e você ainda não descobriu; conheça aquilo que é relevante e você achava não ter importância, mas seja o especialista da sua própria área. Escolha ser sócio e parceiro apenas de quem o respeita e complementa as suas capacidades.

EMPREE**NDER** VALE A **PENA?**

Pense comigo, se eu disser a você que a água de uma piscina está muito fria, isso não muda a temperatura da água, concorda? No entanto, ao saber dessa informação você pode se preparar melhor para entrar nela. Este capítulo tem essa intenção: alertar você para algumas verdades difíceis de se ouvir quando falamos de empreendedorismo. Não é para assustar ou desmotivar, pelo contrário: é para ajudar você a se preparar melhor e até, quem sabe, "comprar uma roupa de neoprene" antes de mergulhar de cabeça em uma aventura que certamente vale a pena.

Sim, empreender vale muito a pena. Se você conseguir ganhar dinheiro suficiente para viver do seu negócio, provavelmente nunca mais vai querer outra vida. No entanto, devo confessar que talvez não seja uma experiência para todo mundo. Muitas pessoas preferem trabalhar como funcionárias de alguma empresa e são felizes e realizadas dessa maneira. Eu mesmo tenho muito orgulho de vários projetos em que participei como funcionário, fui muito feliz com as experiências daqueles onze anos e guardo-as com carinho. Se fosse preciso, voltaria a ser um funcionário hoje sem nenhum problema.

Inclusive, é possível comparar esses dois mundos. O sonho de empreender é sempre um caminho novo, cheio de aventuras e muitas possibilidades. Mas, se você pensar bem, o mesmo acontece quando somos funcionários e estamos felizes nesse papel. Ao mudar de uma área para outra, ou de uma empresa para outra, também haverá alguns meses de deslumbramento, ansiedade e busca por espaços. Quando começamos um novo projeto, também precisamos investir tempo e talento para fazê-lo florescer, e isso nos dará um orgulho enorme. Além disso, normalmente as empresas já constituídas possuem estruturas e fundos maiores que nos possibilitam realizar projetos grandes e focar apenas no trabalho. Em qualquer ambiente que você decida ficar, sempre haverá pontos positivos e negativos. Então, se puder, tome a decisão baseada no que você sente e acredita ser sua vocação. Isso trará a você mais benefícios em curto, médio e longo prazos.

EMPREENDER POR NECESSIDADE OU POR OPORTUNIDADE

Quando começamos a investigar um pouco mais a fundo as razões que levam uma pessoa a empreender, encontramos uma definição muito utilizada por diversas instituições e autores, como, por exemplo, a do Instituto Brasileiro de Coaching (IBC),[21] que resume de maneira bastante simples as duas principais e mais óbvias motivações que alguém pode ter ao decidir empreender.

---

21 MARQUES, J. R. As principais diferenças entre empreendedor por necessidade e oportunidade. **Portal IBC Coaching**, 7 mar. 2022. Disponível em: https://www.ibccoaching.com.br/portal/as-principais-diferencas-entre-empreendedor-por-necessidade-e-oportunidade. Acesso em: 30 mar. 2022.

A primeira é a mais óbvia: **empreendedorismo por necessidade**. São muitas, quase infinitas, as razões pessoais que cabem dentro dessa categoria. Por exemplo: perder o emprego e não conseguir encontrar outro. Não possuir qualificações acadêmicas suficientes para que uma grande empresa o contrate. O mercado está em crise e não há vagas disponíveis. O salário que pagam para a função não é suficiente para a expectativa ou necessidade familiar. Aconteceu algo em sua vida que o obriga a ficar em casa. O nascimento de um filho, o falecimento de um familiar, um chefe que assedia moralmente, a pandemia, mudar de cidade, casar, mudar de país, ser obrigado a se refugiar... Enfim, todas as razões possíveis que levam alguém a ter a necessidade de fazer acontecer e/ou mudar o estilo de vida estão nessa categoria e não há qualquer julgamento aqui. Apenas a constatação de que, a partir de um certo momento ou acontecimento, será necessário pensar em abrir o próprio negócio rapidamente para gerar renda.

Se esse é o seu caso, acredite, este livro foi feito especialmente para você. Nos próximos capítulos, vou ajudá-lo a identificar um negócio possível para começar de maneira rápida e na condição em que se encontra hoje, partindo de alguma área que você já conhece bem.

A segunda categoria é o **empreendedorismo por oportunidade**.

Essa categoria é baseada em escolhas possíveis, uma alternativa, uma vontade. A pessoa tem algum tempo disponível e recursos suficientes para escolher o que vai realizar. Ela pode ainda estar empregada, pode ter a parceria dos familiares, pode ter dinheiro guardado enquanto tenta fazer o primeiro negócio funcionar ou outras condições favoráveis para se arriscar. De novo, não há julgamentos aqui.

Os dois cenários são bastante distintos e suficientemente amplos para que todos se enquadrem em um deles. Algumas vezes, até nos dois cenários ao mesmo tempo, quando a pessoa já sabe, por exemplo, que sua condição de vida vai mudar, mas ainda não aconteceu.

Seja qual for o seu caso, **você está certo**.

Normalmente, a diferença mais importante entre esses dois aspectos é a urgência e o tempo que você vai ter para planejar e implantar o novo negócio. Isso se reflete em dinheiro para viver *versus* dinheiro para investir.

Escrevi este livro para ajudar você a fazer exatamente isso: identificar, desenvolver e lançar uma nova ideia de negócio, dentro de alguma área que você já conheça bem, e que seja possível executar dentro da sua condição atual. Então, vamos adiante.

POR QUE VOCÊ QUER EMPREENDER?

Ao longo dos meus quase vinte e cinco anos de carreira como executivo e empreendedor, tive a oportunidade de conversar com milhares de pessoas sobre temas ligados ao empreendedorismo. Para quem é apaixonado pelo assunto como eu, as conversas são muito ricas e, quase sempre, permitem aprender algo novo. Às vezes, o assunto é específico, focado em uma empresa ou uma ideia de negócio. No entanto, em sua grande maioria, as conversas são genéricas, amplas e sem um ponto específico. Ainda assim, há um assunto que me fascina e que, quase sempre, tento encaixar: por que essas pessoas tomaram a decisão de empreender?

Não há uma resposta padrão para essa pergunta, mas consigo identificar um grande grupo que deseja empreender baseado em alguns mitos muito conhecidos, mas bastante improváveis. Conheça a seguir as principais respostas **erradas** que escuto e veja se você se enquadra em alguma delas.

AS RAZÕES ERRADAS PARA EMPREENDER

Quero ficar rico! Desculpe a sinceridade, mas isso provavelmente não vai acontecer na sua primeira empresa, nem nos primeiros anos do seu negócio. Todas as estatísticas mostram que grande parte das empresas recém-abertas quebram em poucos anos. E, daquelas que não quebram, a maioria consegue apenas sobreviver, remunerando o seu time de sócios de maneira satisfatória e crescendo devagar. Raras são as que conseguem gerar lucro suficiente para os empresários ficarem ricos de maneira rápida (o que depende também do seu conceito de rico). Pode olhar ao seu redor. Quase todos os empresários que você conhece e que são "ricos" têm a empresa em operação há mais de cinco ou dez anos. Antes disso, eles provavelmente quebraram alguma vez ou, no mínimo, transformaram por inteiro a primeira empresa. Portanto, ficar rico empreendendo ainda é a exceção e, acima de tudo, uma consequência da sua experiência com o empreendedorismo e não uma verdade automática.

Sim, é possível enriquecer mais rápido empreendendo do que como funcionário, mas isso deve ser a consequência do seu bom trabalho, não a sua razão.

Quero ter mais tempo para mim e para a minha família! Ops! Também não vai ser exatamente assim. Pelo contrário. Quando você abre um negócio novo e precisa tirar dele o seu sustento e o de sua família, precisa trabalhar muito mais horas do que o normal apenas para compensar o fato de o negócio ser novo e você ter pouca experiência e recursos disponíveis. Tenha em mente que todos os iniciantes cometem erros e são naturalmente lentos em evoluir em suas novas atividades. Isso é o normal e melhora com o passar do tempo.

É comum o empresário atingir um ponto em que de fato consiga delegar as suas funções mais operacionais e, com isso, ter mais tempo disponível para si, mas raramente isso acontece no começo da empresa.

Um aspecto positivo é que tornar-se empresário pode lhe oferecer alguma flexibilidade imediata de agenda. A depender do negócio que você abre, pode ser viável gerenciar um pouco melhor as suas atividades durante o dia para que você consiga, por exemplo, trabalhar em casa pela manhã ou ter a liberdade de buscar os seus filhos na escola no meio da tarde. De qualquer maneira, certamente precisará compensar esse "luxo" em algum outro momento do dia, da noite ou do fim de semana, porque as tarefas são suas e precisam ser concluídas.

Quero abrir um negócio meu! Esse é outro conceito interessante, mas pode ser um problema. O que significa exatamente um negócio ser seu? A maioria dos negócios são apenas transacionais: a empresa está no meio de uma transação de compra e venda de algum produto ou serviço criado por outras empresas, movimentando itens ou serviços de um lado para o outro. Imagine uma farmácia, ela compra remédios dos laboratórios e vende para os consumidores. Um restaurante compra matéria-prima, transforma em comida e vende para os clientes. Um açougue compra carne dos frigoríficos, que por sua vez compram dos criadores de animais. Em quase todos os negócios montados pela primeira vez, apenas uma pequena parte do processo é realmente sua. Até porque se essa parcela for muito representativa, também significa que você está vendendo o seu tempo e a sua própria força de trabalho e não gerindo um negócio com chances reais de crescimento.

O desejo de ter um negócio "seu" pode também ser explicado pela vontade de construir um legado para passar adiante aos filhos ou pelo anseio de não ter um chefe mandando em você ou, até, não ter limites para tomar decisões. Essas são razões fortes e positivas.

Quero ter mais segurança! A expectativa de não poder ser demitido por algum chefe ou de não precisar mais procurar emprego é sempre muito encantadora, mas não corresponde exatamente à realidade da "segurança" que se adquire ao se tornar um empresário.

A melhor definição do ato de empreender que eu já escutei veio de um grande amigo, Marcos Versteeg, que disse: **"Empreender é acordar todo dia demitido, sem emprego, sendo obrigado a buscar o seu sustento"**.

Quem vai contratá-lo ou demiti-lo todos os dias são os seus clientes e, portanto, existe ainda menos segurança do que em um emprego formal.

Além do mais, fatores externos e inesperados sempre são capazes de colocar o seu negócio em risco. Pode aparecer uma pandemia, um funcionário mal-intencionado, o seu produto pode sair de moda, ficar obsoleto, o seu dinheiro pode acabar, você pode se separar, um cônjuge pode falecer, um concorrente muito bom pode tirar você do mercado ou obrigá-lo a mudar de segmento, a tributação pode se alterar e o seu preço não conseguir acompanhar, você pode ter lucro, mas o cliente atrasar e você ficar sem dinheiro para pagar as contas no dia em que elas vencem, você pode ser roubado... enfim, são diversas as hipóteses. Empreender é sempre chamar a responsabilidade para si.

Com o tempo, é possível criar fluxos que sejam mais seguros ou contratos com prazos mais longos, carteira de clientes mais diversificada e, ainda, algumas outras estratégias que diminuam verdadeiramente os riscos e ofereçam uma situação mais confortável. Mas tenha certeza de uma coisa: você sempre sentirá frio na barriga. O que acaba sendo um ponto positivo, pois o medo o faz mais responsável e cauteloso, aumentando a sua segurança.

OUSADIA *VERSUS* PRUDÊNCIA?

Aproximadamente duas semanas antes da minha saída oficial da Nokia, em outubro de 2010, eu já tinha uma ideia em andamento sobre o negócio que abriria (a U5 Eventos). Como contei antes, a empresa me ofereceu uma condição rara e espetacular de continuar empregado por quase quatro meses antes do meu último dia. Foi um período em que eu pude explorar com calma (e salário!) qual seria o meu próximo passo. Após o choque inicial da notícia que eu ficaria desempregado, restaram três meses para eu identificar um bom negócio para chamar de meu.

Nesse tempo, participei de quase quinze eventos diferentes sobre empreendedorismo, incluindo um grande fórum promovido por um grupo de empresários ricos de São Paulo. Algumas expressões eram sempre repetidas como se fossem mantra: "empreender é ser ousado"; "um bom empreendedor é o que arrisca"; "empreendedor não pode ter medo"; "empreender é ser resiliente"; diziam eles, completando ainda com mais um monte de termos clichês que hoje consigo avaliar com mais calma para explicar a vocês o que eles realmente deveriam dizer.

Imagine, por exemplo, um corredor de Fórmula 1. Ao vê-lo na pista a 300 km/h, todos concordamos que ele é muito ousado. Mas você tem ideia de quanto planejamento, estudo, treino, simulação, material de segurança e itens afins são empregados para que ele possa correr e mostrar toda a sua ousadia naquela velocidade? Ele não é doido, é preparado! Ele conta com o que há de melhor em design, engenharia e tecnologia para garantir a segurança e possa exercer a ousadia. A maneira como escutamos os gurus repetirem essas frases de efeito faz parecer que ser ousado significa arriscar tudo. E não é isso.

O ato de empreender, tal qual a Fórmula 1, já é um ato de extrema ousadia. Logo, precisamos dar cada passo com todo o cuidado e segurança possíveis.

Vamos a outro exemplo: um atleta de esportes radicais. Aqueles seres ousados que saltam de bicicleta em rampas enormes, dando um milhão de piruetas. Você acha que eles começaram naquela rampa? Antes da primeira pirueta completa, foram milhares de pequenos saltos evolutivos. Começaram com um pulinho baixo e foram treinando com seus amigos mais experientes, seus mentores, muitas vezes caindo em colchões, usando capacete e proteções até que, um dia, chegaram naquele patamar das piruetas fantásticas.

Um cirurgião cardíaco. Podemos concordar que fazer uma cirurgia em um coração é um ato extremamente ousado? Agora pense em quantas medidas e procedimentos de segurança são tomados por um hospital, pela sua equipe e pelo próprio médico para que esse ato de ousadia seja o mais seguro possível. São anos e anos de estudo, equipamentos de altíssima precisão, instrumentos especiais, professores, auxiliares e técnicos muito bem preparados que levam àquele momento.

Mais um exemplo? Um trapezista de circo, daqueles que voam pelos ares como se fossem pássaros. Alguns movimentos e acrobacias são muito ousados, não é mesmo? Quantos anos você imagina que ele treinou com redes de segurança, preso em cordas, sob a orientação dos professores mais experientes, para evoluir e um dia chegar ao nível profissional e poder mostrar a sua acrobacia ao público?

Posso dar mais mil exemplos, porém acredito que já tenha deixado claro este aspecto. **O simples ato de empreender já é uma ousadia.** Então, proteja-se, comece devagar, no seu nível, na sua capacidade, e vá evoluindo com segurança, ouvindo mentores, assistindo a aulas e estudando.

Infelizmente, eu fiz tudo errado. Acreditei nos mantras dos gurus e tentei "ser ousado" demais logo no meu primeiro negócio. Entrei com tudo, sem freios e sem capacete, acelerando a mais de 300 km/h em um carro potente demais para mim. Acreditei em outro clichê que diz que "foguete não dá marcha a ré", o que, além de ser uma grande bobagem, ainda é um conceito desatualizado, porque os foguetes SN15[22] e Falcon 9[23] da empresa SpaceX pousam de volta à terra dando, sim, marcha a ré. Saí da Nokia e, como já contei, abri uma empresa de eventos com mais quatro sócios chamada U5 Eventos, investi quase todo o meu dinheiro em um segmento sobre o qual eu não conhecia praticamente nada e quase perdi tudo. Por isso, recomendo cautela.

EXECUTIVO *VERSUS* EMPREENDEDOR

Possuir alguma experiência anterior como executivo ou como funcionário de empresas com estrutura tradicional pode ser ótimo na hora de empreender, pois significa que você provavelmente já conhece bem algumas áreas de atuação, como a que você trabalhava ou com as quais colaborava indiretamente; já entende a relação cliente-fornecedor e chefe-funcionário; talvez desenvolveu um grupo de amigos (*networking*) na área e até já tem algumas relações importantes.

Entretanto, apesar de toda essa bagagem, sinto em lhe informar que a sua larga experiência como executivo não o prepara completamente

---

22 SPACEX: Starship SN15 faz pouso perfeito em teste; assista. 2021. Vídeo (54s). Publicado pelo canal Olhar Digital. Disponível em: https://www.youtube.com/watch?v=S0Akkh_3hCs. Acesso em: 30 mar. 2022.

23 FALCON 9 da SpaceX volta para a terra; veja. 2020. Vídeo (58s). Publicado pelo canal UOL. Disponível em: https://www.youtube.com/watch?v=XXr-C27IN6WA. Acesso em: 30 mar. 2022.

para empreender e você ainda vai precisar se desenvolver em diversas outras áreas antes de virar um empresário profissional.

Eu também caí nessa armadilha. Tinha certeza de que os meus onze anos de sucesso como executivo tinham me deixado pronto para empreender, mas eu estava bastante enganado.

É como querer falar português e espanhol sem estudar. Os dois idiomas até se parecem, mas são completamente diferentes e falar uma mistura dos dois, o chamado "portunhol" é, na verdade, falar os dois de maneira errada, resultando em algo incompreensível para quem ouve, mas muitas vezes engraçado.

Imagine um jogador de futebol de campo que decida mudar de esporte e passar a jogar futebol de salão. Ou um jogador de vôlei que decida migrar da quadra para a areia da praia. Apesar de parecer uma simples mudança, são esportes completamente diferentes. Muda o campo, o ambiente, a bola, a dinâmica corporal, as dores musculares; mudam também as regras, e será necessário um tempo considerável de treino para que consigam se adaptar e voltar ao alto rendimento.

Ser executivo é bastante diferente de ser empresário. A começar pela estrutura. O executivo trabalha em uma organização que já possui quase tudo de que precisa para colocar suas ideias em operação. Quando um executivo decide intraempreender, criando serviços, produtos ou processos completamente novos, faz isso dentro de uma rede de segurança, com apoio e investimento, além da óbvia garantia de receber seu salário ao final do mês, mesmo que alguma coisa não saia como projetado.

E isso vale mesmo para aqueles executivos que dizem que "pensam como dono" e que são verdadeiros empreendedores nas empresas em que trabalham. Bom, eu preciso lembrá-los de que eles não são donos. O dono perde noites de sono para saber como vai conseguir pagar os salários dos funcionários e os boletos do mês seguinte e se preocupa vinte e quatro horas por dia com as datas corretas dos seus recebimentos, o que faz com que o senso de urgência não seja comparável.

A grande transformação que um executivo precisa para se tornar um empresário é perder rapidamente os vícios que traz consigo, pois vem de estruturas com orçamentos e capacidades muito maiores do que sua nova empresa e, assim, gasta mais do que deveria, foca tempo em coisas não primordiais, desenvolve processos muito exagerados, contrata serviços e pessoas desnecessários, marca viagens além da conta, se desloca para todos os lugares e ainda é habituado a preencher uma quantidade enorme de tarefas burocráticas que são comuns às grandes empresas. Ao chegar em uma empresa recém-criada, ele precisa logo frear esse modelo já instalado em sua mente e acelerar a sua adaptação a um mundo cheio de limitações e cortes, o que não é nada fácil para quem não está acostumado.

No nosso terceiro ano de atuação, o primeiro já como a U5 Marketing – Designers as a Service, escolhemos uma empresa para limpar nosso escritório. Contratamos o serviço apenas por dois dias na semana. Sabe por quê? Porque fizemos a conta comparativa de quanto teríamos que faturar a mais no ano apenas para poder pagar por esses três dias de serviço adicionais na semana, e quase caímos para trás quando vimos o tamanho da diferença. **Teríamos que faturar quase 42 mil reais a mais anualmente** apenas para pagar por esses três dias extras de limpeza semanal. Me acompanhe no seguinte cálculo:

Dois dias de limpeza por semana custavam 600 reais por mês.

Cinco dias de limpeza por semana custavam 1.300 reais por mês.

Essa diferença de 700 reais por mês, multiplicada por doze meses na verdade significava 8.400 reais por ano.

Como a nossa margem de lucro líquido na época era de 20%, teríamos que faturar 42 mil reais a mais para lucrar 8.400 reais

(20% de 42 mil), e depois gastar tudo apenas nesses três dias extras de limpeza. O que você teria feito? Mantido apenas dois dias ou subido para cinco dias por semana?

Agora, a cereja do bolo: sabe quem limpava o banheiro nesses três dias em que não contratamos a limpeza profissional? Eu! Afinal, eu precisava garantir que meu time de funcionários continuasse a encontrar tudo bem limpinho na hora de usar. Empreender é ter responsabilidade.

O SUCESSO DEMORA ALGUM TEMPO A CHEGAR

Quando começamos a U5 Eventos, a empresa cresceu muito rápido. Usando a credibilidade pessoal que eu trazia do mundo corporativo e vendendo para os mesmos clientes que eu atendia na Nokia, conseguimos imediatamente alguns contratos de teste para realizar pequenos eventos. O problema é que aquilo que eles consideravam como "pequenos eventos" para nós já eram enormes. Um "pequeno treinamento" para a área de vendas de determinada empresa contava com trezentas pessoas. Um stand "pequenininho" em uma feira de negócios significava comprar e pagar por 1.500 brindes, oito promotores, montar o stand, comprar uniformes, comida, organizar transporte e pensar em mais um monte de itens extras, multiplicados pelos quatro dias de evento. E por aí fomos – lembra que eu disse que comecei a 300 km/h e sem capacete?

Meus sócios eram muito bons em executar e entregar os eventos que eu vendia, mas eu não era tão qualificado para vender tecnicamente esses eventos. Não me entenda mal, eu era um excelente vendedor... de aparelhos telefônicos e software. Para vender eventos, eu precisei aprender não só as nomenclaturas do segmento, como estruturas, margens, prazos e riscos, porque praticamente tudo era diferente. Eu entrei de cabeça, no modo tentativa e erro. E, para piorar a situação, do outro lado da mesa de negociação sempre estavam gestores profissionais que sabiam tudo e mais um pouco sobre como contratar eventos. A menor falha da minha parte poderia fazer a confiança deles desaparecer.

Aos trancos e barrancos, e com um bom dinheiro entrando todo mês no caixa da empresa, fomos crescendo, até o dia em que ganhamos uma concorrência para um evento considerado de médio para grande porte. Tratava-se de uma convenção de vendas para 4.500 convidados, com duração de três dias, ocorrendo simultaneamente em quatro hotéis diferentes e afastados entre si. Envolvia mais de cem ônibus para levar todo mundo até os locais, três refeições por dia, mais dois *coffee breaks*, oferecimento de diversão para o tempo livre, material de trabalho para as reuniões, contratação de monitores, animadores e palestrantes, seguros, sinalização, comunicação completa com a temática do evento, som, luz e cenários, preparação de slides, reserva de quartos e mais uma série interminável de providências. Além, é claro, de um rigoroso sistema de controle de todos esses itens, para não haver surpresas de última hora. A essa altura, a nossa empresa já tinha um ano e meio de operação e experiência, mas por outro lado, carregávamos também um ano e meio de desgastes entre os sócios, confusões, cansaço, má gestão de fluxo de caixa, entre outras ocorrências.

Entre alegrias e dificuldades, conseguimos entregar esse evento e fomos até elogiados. Ficamos bastante felizes e seguimos nossa vida buscando novos desafios enquanto aguardávamos a chegada da nossa grande recompensa: o pagamento. Daí, surgiu o imponderável, o inesperado: o pagamento desse evento, o nosso maior de todos, um valor bastante expressivo para ser suportado pela nossa estrutura, atrasou quatro meses e foi realizado por meio de vinte e seis notas fiscais diferentes, emitidas por mais de dez empresas e diversas áreas regionais. A empresa que nos contratou utilizou uma verba cooperada de seus fornecedores para nos pagar. No entanto, em vez de ela mesma juntar tudo e nos repassar em um único pagamento, nos fez correr atrás de cada parceiro para receber as pequenas partes. Essa prática é bastante comum no segmento, mas nós não tínhamos fôlego financeiro suficiente para esperar por quatro meses, muito menos adiantar o pagamento de todos os fornecedores envolvidos conosco e que estavam com os dentes cravados em nosso pescoço para receber o que lhes era devido.

Uma agência de eventos não vive apenas de um evento por vez. Como é da natureza do negócio, precisa realizar vários eventos em sequência, ou, às vezes, ao mesmo tempo, para gerar um faturamento que lhe permita manter a estrutura fixa e pagar as contas. Por conta do tamanho, nós só cuidamos desse e ficamos absolutamente sem dinheiro em caixa para continuar girando essa roda. Como falei no começo do livro, é possível quebrar uma empresa mesmo tendo lucro.

Àquela altura, precisamos, pela primeira vez, recorrer aos bancos buscando um tipo de empréstimo chamado "capital de giro", que é uma modalidade em que você mostra ao banco que a empresa já possui os faturamentos executados, e está apenas esperando o pagamento das notas. Trata-se de um descolamento entre as datas de recebimento e das obrigações a pagar, como fornecedores e salários.

Na teoria, esse é um dos modelos de empréstimos que oferecem menor risco para os bancos e, portanto, a taxa de juros cobrada deveria ser bem mais baixa. No entanto, acontece exatamente o oposto. Os bancos sabem que essa é uma situação de desespero para o pequeno empresário, cobram taxas altíssimas e ainda impõem condições bastante desagradáveis para liberar o crédito. No nosso caso, o banco cobrou 3,68% de juros ao mês e ainda condicionou a liberação do empréstimo a pequenas parcelas alinhadas com o recebimento de cada uma das vinte e seis notas fiscais emitidas para os clientes. Ou seja, se em três dias a empresa recebe 40 mil de tal cliente, então o banco libera o empréstimo de outros 40 mil. Acontece que os nossos pagamentos e obrigações obviamente não seguiam essa mesma lógica de tempo. Salários e boletos pagam-se na data que vencem, e não na data em que você recebe o dinheiro. Foi um momento bastante difícil.

Até a realização desse evento, a empresa já tinha um faturamento acumulado de quase três milhões de reais em apenas um ano e meio de vida. Inclusive, esse evento sozinho significava mais 1,4 milhão de reais de faturamento e deixaria quase 15% de lucro líquido em caixa. Inocentemente, eu já estava me achando um "novo rico", mas em poucas semanas veio o choque de realidade e a empresa quase quebrou. Minha visão estava nublada.

Por ser iniciante e amador, eu não estava acompanhando corretamente a planilha mais importante de qualquer negócio. O **fluxo de caixa**. Não se engane, eu sabia fazer o cálculo, o problema não era esse. Era o acompanhamento religioso e diário de todas as datas de entrada e saída de cada dinheiro que passaria pela empresa pelos doze meses subsequentes. **O fluxo de caixa é o item mais importante da sua empresa.**

Para facilitar o raciocínio, acompanhe a seguir algumas contas realmente básicas sobre gestão financeira que você precisa conhecer de qualquer maneira. Vale lembrar que você sempre deve pedir ajuda ao seu contador para organizar isso em um negócio real.

Imagine que você tenha que pagar uma folha salarial de 5 mil reais por mês.

Isso significa que você precisará pagar 60 mil reais por ano (5 mil × 12 meses).

Se o seu percentual de lucro líquido anual for de 20%, então você precisará faturar 300 mil reais no ano para lucrar 60 mil reais e conseguir pagar a folha salarial de 5 mil reais por mês, sem sobrar nada. Ou seja: 20% de 300 mil = 60 mil que, divididos por doze meses, resultam em 5 mil reais por mês.

custo mensal	custo por ano (12 meses)	margem de lucro da empresa	quanto tenho que faturar por ano?
5.000	60.000	20%	300.000
5.000	60.000	10%	600.000

Deu para perceber o tamanho do desafio?

Considerando que uma empresa geralmente começa uma operação com faturamento igual a zero, é fácil compreender o quão importante é aprender a gerenciar um fluxo de caixa **antes** de abrir a empresa e porque devemos começar pequeno, gerenciando poucos fluxos e poucas atividades enquanto aprendemos esses conceitos importantes, vitais.

Enfim, voltando à história da nossa empresa, eventualmente conseguimos receber todo o dinheiro, estabilizar a operação e seguir adiante. Foi um processo de negociação duro e desgastante com todas as partes envolvidas e, a cada nota fiscal que recebíamos, pagávamos uma parte da dívida. Priorizamos os pagamentos de salários, depois pagamos os pequenos fornecedores e, ao final, os grandes fornecedores (hotéis e transporte). Nunca mais esquecemos essa valiosa lição.

A MALDIÇÃO DA PRECE ATENDIDA

Sabe aquela expressão "Fulano deu um passo maior do que a perna"? Pois bem, o mundo empresarial possui uma versão própria desse ditado que é a "Maldição da prece atendida", e ela serve para nos alertar que, muitas vezes, sonhamos, pedimos e batalhamos por coisas que estão muito além do nosso alcance ou da nossa capacidade de execução e, quando elas acontecem, o sonho se transforma em um verdadeiro pesadelo. E a culpa é nossa, porque queremos acreditar. Queremos cortar caminhos, encontrar atalhos para ficar ricos com rapidez. Queremos receber algo grandioso para o qual ainda não estamos preparados. Somos super-heróis, mas ainda não temos as informações corretas e completas. Não temos os recursos necessários, não sabemos lidar com o grande volume e, mesmo assim, sempre desejamos receber um bilhete premiado de loteria.

Imagine que você seja um ótimo vendedor e que, certo dia, o convidem para ser sócio de uma pequena fábrica de cadeiras. Produtos de ótima qualidade, feitos com madeira de lei, a partir de um processo semiartesanal. Como você é muito bem relacionado, decide tentar realizar logo uma grande venda para acelerar as coisas. Por sorte, um amigo é o atual gerente de compras de uma grande rede de lojas de varejo. Você marca a reunião, prepara um ótimo discurso com tudo aquilo que você já sabe que a pessoa gostaria de ouvir e consegue a aprovação do produto. Para garantir a venda, você oferece ainda um bom desconto. Tudo certo. Seu amigo comprador fica impressionado com o discurso e o preço, acredita na sua promessa e promete encaminhar um "pequeno pedido inicial" para teste. A comemoração é enorme, todos da fábrica comemoram, afinal "logo, logo vocês vão ficar ricos".

Alguns dias depois o pedido realmente chega e a "pequena encomenda para teste" é de quinhentas unidades, a entrega deve ser feita dentro de um mês e o prazo usual de pagamento é de sessenta dias a partir da emissão da nota fiscal. Aquele pedido é realmente pequeno para a grande rede, apenas dez unidades para colocar em cada uma das cinquenta lojas da grande São Paulo. No entanto, para você, meu amigo, é um pedido gigante e completamente fora das suas possibilidades. O desconto oferecido impossibilita a contratação de mão de obra adicional, o valor do frete ficou por sua conta e a logística envolve cinquenta pontos de entrega diferentes. A produção é dez vezes superior à sua capacidade usual, ademais, metade do valor da matéria-prima para a fabricação das cadeiras deve ser pago à vista, mas você só vai receber o valor total da venda em noventa dias. Além disso, a produção acelerada vai reduzir a sua qualidade, causando falhas nos produtos e custos extras de reposição, além de, obviamente, queimar a sua imagem por causa da baixa qualidade do produto e das falhas na entrega depois de uma grande propaganda. Deu para entender? O que seria um sonho maravilhoso se transforma em um pesadelo.

A lição aqui é que o sucesso quase sempre demora um tempo para chegar. Tempo necessário para que a sua empresa crie raízes, processos, caixa e estrutura. Tempo para que você aprenda a administrar o dinheiro que entra e sai, para que possa contratar bons funcionários nas posições corretas, para que identifique um bom produto e seja capaz de fazer os ajustes necessários na operação. E assim, passo a passo, possa crescer com segurança.

AS DORES MAIS COMUNS DO INÍCIO

Sempre que você for começar uma nova atividade, sentirá um misto de emoções. É prazeroso porque você quer estar ali naquela situação, mas também é difícil porque você não sabe direito ainda o que está fazendo, quais botões apertar ou quem deve chamar.

Lembra do seu primeiro beijo? Certamente você o queria muito, mas a performance dele não foi igual aos beijos que você dá hoje, não é mesmo? E a primeira vez que você cozinhou para as visitas, deu tudo certo? Você começou direto com uma feijoada completa, uma moqueca, ou preparou algo mais simples, como um macarrão ou uma pizza? E os seus primeiros chutes em uma bola? Já foram em um jogo de campeonato ou aconteceram no quintal de casa? Nem preciso ir muito longe, lembra como foi a primeira semana de trabalho no seu último emprego, quando você não sabia o nome de ninguém, não conhecia as regras ou mesmo o caminho do banheiro?

Considerando isso e querendo aliviar mais ainda o peso dos seus ombros, vou pedir para que você não se compare a ninguém, a não ser a si mesmo. Se você já é tão bom hoje, imagine-se com mais dois anos de experiência (ou cinco, ou dez)!

Quando começar seu primeiro negócio, será da mesma maneira. Você até pode começar bem, mas certamente estará melhor após alguns anos de experiência e, para ajudá-lo a acelerar esse processo, vou listar a seguir alguns dos principais erros cometidos por mim e pela maioria dos empresários iniciantes que eu conheço:

Começar algo complexo demais. Quando fundamos a U5 Eventos, queríamos criar experiências únicas para os nossos clientes. Não bastava ser igual às outras empresas, queríamos nascer já oferecendo algo especial, diferente do que existia no mercado. O problema é que o termo "eventos" significa um monte de coisas diferentes, com vários tipos, tamanhos e complexidades. Vai desde oferecer um café com bolinho em um intervalo entre reuniões, popularmente chamado de *coffee break*, até uma reunião de treinamento com 4.500 pessoas que dura três dias em quatro hotéis diferentes (sim, aquela!). Também passa por produção gráfica, criação de conceitos, contratação de dezenas de profissionais freelancers, assinatura de inúmeros contratos, responsabilidade jurídica e movimentação de grande volume financeiro, para citar alguns passos. São muitas variáveis. Imagine se uma pessoa que nunca empreendeu antes deveria começar logo por esse caminho. É como querer brincar de quebra-cabeça pela primeira vez e começar logo com uma caixa de 5 mil peças com uma imagem de floresta. Loucura total.

Se hoje pudesse começar de novo aquela mesma empresa de eventos, decerto não buscaria projetos tão grandes no início, testaria nosso nível de resposta com poucos tipos de projetos, e colocaria limites muito claros para os clientes sobre a nossa capacidade de execução, inclusive a financeira. Em contrapartida, ofereceria aos clientes uma dedicação exclusiva que apenas as empresas iniciantes conseguem prometer e entregar. E foi exatamente o que fizemos na nossa entrada em Portugal. Esclareci para o nosso primeiro cliente que cometeríamos alguns erros, porque toda empresa comete erros no início, mas o nosso diferencial seria que estaríamos ali, 100% dedicados a corrigi-los e a prestar o melhor serviço que ele já havia visto. Precisávamos da confiança dele e honraríamos a decisão de risco que ele estava tomando em ser o nosso primeiro cliente.

Ter sócios demais. Você certamente já ouviu a expressão "sócio é igual a casamento". Pois eu digo a você que talvez seja até mais complexo que isso, pois não há amor envolvido. **Um sócio pode ajudar você a construir um império ou a derrubar sua casa, e só deve fazer parte da sua empresa se for 100% necessário e complementar.** Quero esclarecer que sócio não deve ser alguém que lhe ofereça apenas conforto, segurança ou alegria. Não deve ser aquela pessoa de que você "gosta muito" e com a qual "se dá bem". Tudo isso é interessante, mas não é suficiente. O importante mesmo é que ele ou ela complemente as suas competências e compense as suas falhas. Que só entre no negócio se for absolutamente necessário e quando for necessário, nem antes e nem depois. Além disso, as funções e o nível de trabalho de cada sócio devem estar muito claros desde o início.

No meu livro anterior, *Na dúvida, não empreenda!*,[24] descrevi uma maneira muito simples para começar a avaliar um sócio. Você deve se perguntar e responder em apenas três segundos: *Por que eu preciso dele(a)?* A resposta deve ser claríssima, por exemplo: "Eu sou do marketing e ele é financeiro"; "eu tenho a grana e ela vai tocar o negócio"; "eu sei fabricar e ele sabe vender"; e assim por diante. Além disso, para evitar dúvidas, os dois sócios precisam pensar exatamente na mesma resposta, assim evitamos a compreensão errada da função e razão de existência de cada um na sociedade.

No entanto, o que mais acontece é o oposto: "Eu trabalho na área de marketing e me dou muito bem com um colega que faz a mesma coisa que eu. Daí nos perguntamos: *por que não abrir uma empresa juntos?*". Pronto, daqui a seis meses a empresa vai ter dois diretores de marketing e nenhum financeiro. Entende a confusão? Outra coisa que também acontece muito é: "Ele é meu irmão", ou "ela é minha amiga querida", ou "ele trouxe a boa ideia", ou "eu confio nele". Se não houver uma complementaridade clara entre os conhecimentos e atividades dos sócios, nem comece.

O período de entrada dos sócios adicionais também é muito importante. Se a sua empresa não tem necessidade imediata daquela competência ou do dinheiro que o novo sócio vai aportar, espere mais um pouco e encontre primeiro as soluções para os seus problemas mais urgentes. Seu primo pode ser ótimo em marketing, mas se o seu problema mais urgente for a fabricação do produto, resolva-o primeiro.

Lembre-se: **cada pessoa ou organização que entra como sócia na empresa deve ter uma ou mais funções extremamente**

---

24 RODRIGUES, F. **Na dúvida, não empreenda!** São Paulo: Migalhas, 2019.

necessárias e bem definidas, ser responsável por elas e não precisar utilizar o tempo de nenhum outro sócio para realizá-las.

Alternativamente, você sempre poderá ter parceiros de negócios. Aqueles amigos, conhecidos ou indicados que possuem uma empresa e realizam seus próprios trabalhos e que são complementares ao que você necessita para ser capaz de entregar um projeto ou uma solução. Os maiores negócios que fizemos sempre contaram com bons parceiros.

Gastar demais em coisas desnecessárias. Essa é a mais fácil de explicar, afinal, o que nós iniciantes mais fazemos de errado é gastar dinheiro que não era necessário. Quando a U5 Eventos começou, aluguei uma sala comercial dentro de um famoso escritório compartilhado (e caríssimo!), porque eu achava importante estar perto dos meus clientes. Mas eu precisava mesmo? Na sequência, convidei diversos amigos para almoçar com a intenção de explicar meu novo negócio e acabei pagando muitas dessas contas. Será que eu precisava pagar o almoço para os meus amigos, uma vez que todos tinham vale-refeição e eu não? Contratei uma internet superveloz, mas será que aqueles megabytes fizeram mesmo grande diferença para a minha utilização?

O dinheiro vai embora muito rápido e nem percebemos onde ou quando gastamos. É como se você comprasse uma caixa daquele chocolate que você adora de valor exorbitante e comesse "só um pouquinho" todo os dias. Em pouco tempo, a caixa estará vazia e você vai se perguntar: *Cadê meus chocolates?*

A verdade é que diversos gastos são pequenos e irrelevantes até o momento em que você soma todos. Já somou todos os seus gastos com a Uber no mês? E no ano? Se você fuma (recomendo que tente parar), já fez a conta de quanto gasta em cigarros por ano? E já somou o valor de todos os chopezinhos que consome em doze meses?

O susto fica ainda maior quando você multiplica esses pequenos gastos pelo ano todo, veja uma simulação:

Três chopezinhos por semana, ao valor unitário de 6 reais, dá 18 reais por semana

Dezoito multiplicado pelas 52 semanas no ano dá 936 reais.

Ou seja, quase mil reais do seu dinheiro foram embora no ano apenas com três chopes por semana, e olha que isso é uma média. Fora os 10% de serviço, o tira-gosto e... Uber para voltar para casa.

Boa parte da nossa despesa é composta por valores pequenos que gastamos de maneira repetitiva. É a conta da internet, da luz, da academia, do cigarro, do chope, do cafezinho e assim por diante. Por isso, quando você abrir sua empresa, esteja muito atento a esses pequenos custos somados e repetitivos.

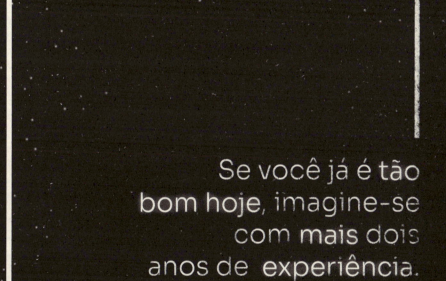

POR QUE VOCÊ AINDA NÃO DEU O SEU PEQUENO PASSO?

Na próxima segunda-feira eu começo a dieta! Neste ano aprendo inglês! Vou começar a guardar dinheiro! Vou entrar na academia!

Reparou que todas as decisões que pensamos em tomar vêm acompanhadas de um ponto de exclamação e são sempre para o futuro? Tomamos decisões importantes, mas os dias passam, as semanas passam... e não executamos nada, ou executamos de maneira errada, incompleta, hesitante e com medo. Isso é normal e acontece com todo mundo. Não é preciso ficar chateado, nem pensar que fracassou por causa disso. **Você pode ter perdido a oportunidade, mas não perdeu a capacidade.** E vamos fazer diferente a partir de agora.

Como já disse, iniciar um novo negócio é uma sensação única, cujas emoções são muito fortes e conflitantes. No espaço de apenas um dia você é capaz de pensar que vai ficar milionário com o negócio e, logo a seguir, que vai ficar pobre; pensa que vai dar certo, depois tem certeza de que vai quebrar; acredita que achou a fórmula do sucesso e, depois, pensa que é um fracasso; num momento se acha um gênio, em seguida, duvida da própria capacidade; toma uma decisão importante e, daqui a pouco, se arrepende e volta atrás. Uma coisa eu asseguro: você vai sentir um orgulho enorme de tudo o que está fazendo e produzindo, mesmo rodeado de dúvidas (e, às vezes, também de dívidas) que são absolutamente normais. Você vai se sentir com poder e comandante do seu destino.

Tomar a decisão é sempre a parte mais fácil. Difícil é executar!

Para começar, faça um simples exercício: lembre-se de várias coisas que você já conseguiu concluir durante a vida. Você talvez já concluiu algum curso acadêmico, pode ser que fale outro idioma fluentemente, com certeza já comprou e pagou por algum produto de alto valor. Teve filho(s), aprendeu a dirigir carros e motos, a andar de bicicleta, sabe jogar futebol, dançar ou nadar, organizou uma festinha ou mesmo uma viagem. Pode ter sido gerente ou diretor de alguma empresa, coordenado equipes, enfim... Decerto existem várias conquistas em sua vida pessoal e profissional que, em maior ou menor grau, se forem analisadas com carinho, mostram que você é capaz de começar e terminar um projeto, mesmo que tenha passado por algumas dificuldades pelo caminho, pois elas fazem parte de qualquer aprendizado. Então, por que você não acredita mais em você?

Tenho certeza de que você consegue planejar e abrir o seu primeiro negócio. O que você precisa é dar um passo de cada vez, utilizar um método e subir com cuidado cada degrau da escada, até chegar lá em cima.

Vou compartilhar com você uma experiência muito rica que vivenciei quando era estudante na Universidade de Brasília (UnB). Por alguma razão que ainda não sei explicar, para eu poder me formar no curso de Administração de Empresas, eu precisava escolher e concluir duas matérias obrigatórias de Educação Física. Dentre as diversas modalidades disponíveis, escolhi a natação para aproveitar os dias de sol e me refrescar um pouco naquela secura agreste de Brasília. No centro olímpico da UnB, existe uma plataforma de saltos ornamentais igual àquelas das provas olímpicas. Eu e alguns dos meus colegas, com a ousadia e o gosto pela aventura próprios dos vinte e poucos anos, decidimos que seria divertido pular do lugar mais alto da plataforma, a dez metros de altura, o que corresponde, aproximadamente, a três andares e meio de um edifício.

Quando chegou a minha vez, subi na plataforma cheio de coragem, caminhei calmamente até a borda e fui inocente o suficiente para olhar para baixo. Naquele momento, vendo a água a quase doze metros de altura (dez metros de plataforma mais um metro e setenta e cinco da altura dos meus olhos), tudo parecia minúsculo. A impressão que eu tinha é que cairia fora da piscina e seria o meu fim.

Vários colegas estavam lá embaixo gritando palavras de incentivo, muitas delas pejorativas, me encorajando a dar o grande salto olímpico sem levar em consideração que eu ainda não estava preparado. Evidentemente, eu fiquei com medo e não saltei. Perdi toda a minha coragem e dei meia-volta pela escada. Tinha certeza de que eu me machucaria. Não fui o único.

Ao descermos, o professor juntou todo o grupo e nos explicou qual era a melhor forma de saltar lá de cima. Ele disse que a estratégia perfeita seria pular degrau a degrau, se acostumando com a altura de cada estágio e aprendendo a forma correta de cair na água (em pé, bem esticado, parecendo uma vareta). Todos voltamos ao equipamento e saltamos do trampolim de um metro, que foi bem simples. Passamos ao de três metros, que já era um pouco mais desafiador. Seguimos para a plataforma de cinco metros, bem alta, mas não o suficiente para nos assustar. Saltamos a partir dos cinco metros pelo menos umas três vezes para, finalmente, chegarmos ao desafio final, a plataforma de dez metros.

Quando chegamos novamente ao pico, a sensação já era outra e a confiança, também. Todos nós conseguimos saltar várias vezes da altura mais elevada, sem nenhuma dificuldade, risco de cair de barriga, traumas físicos, psicológicos. Mesmo aqueles que haviam saltado de primeira também estavam muito melhores agora.

Quando comparo essa experiência ao empreendedorismo, fica mais fácil identificar alguns perfis pessoais. Quem seria você nessa história? O ousado que sobe e pula direto da plataforma de dez metros sem nenhum preparo ou treinamento? Seria aquele que toma o seu tempo, estuda, se prepara e respeita o nível de aprendizado? Aquele que fica olhando lá de baixo, mas nunca toma coragem de saltar ou, o pior tipo, aquele que fica lá embaixo gritando e "motivando" as pessoas que estão lá em cima, mas sem realmente contribuir com ideias práticas ou técnicas?

Tome muito cuidado com frases motivacionais como: "desistir é para os fracos"; "tubarão não anda com sardinha"; "foguete não dá marcha a ré"; "leão não come capim"; "você tem que ser resiliente"... Ter saltado uma ou outra vez sem métodos ou técnicas não qualifica ninguém a ensinar. Qualifica, no máximo, a contar como foi a própria experiência, mas não a ensinar. Nessa história que contei, nosso professor fez diferente. Ele agiu como um verdadeiro mentor e nos apresentou um caminho conhecido e seguro, com etapas de um método que pode ser utilizado repetidamente pelo maior número possível de pessoas que tenham como objetivo saltar da plataforma mais alta, oferecendo uma alternativa viável para que cada um pudesse respeitar o próprio nível de conhecimento e ansiedade. Nós éramos todos diferentes, mas ele nos motivou a saltar a partir da exposição de um plano adaptável para cada um.

Levando isso em consideração, quero que você tenha em mente que o seu primeiro projeto não precisa nem deve ser grande, apenas um projeto que comece e termine. Vá por andares, comece pelo primeiro andar e salte. Passe ao terceiro andar e pule quantas vezes for necessário até se acostumar com a nova altura. Suba, então, para os cinco metros e sinta-se confortável por ali. Tão confortável que, se alguém vier por trás e o empurrar, você saberá cair tranquilamente, sem se machucar. Depois vá para os dez metros e salte várias vezes. Depois, se quiser, comece a fazer piruetas.

O que define o empreendedor não é o resultado excepcional que ele consegue em seu primeiro movimento, mas a prudência e constância nas ações que executa para que possa viver de seu negócio e crescer de maneira saudável, saltando muitas vezes, sem se machucar, por muito tempo.

Vale lembrar também que abrir um negócio não é um projeto com linha de chegada. Não há um dia, uma hora, nem um local para terminar e celebrar. Empreender é um modo contínuo. Às vezes, o empreendimento cresce, às vezes, encolhe, quase todas as vezes se transforma, mas o importante é que continue. No início, todos os dias serão desafiadores e tensos, com tarefas novas e muita insegurança. Depois, com o tempo, as coisas vão se ajustando e aquela ansiedade inicial vai naturalmente diminuindo. É uma evolução constante, por isso, pense no negócio como uma jornada perene. Você vai começar pequeno e, de passo em passo, crescer e evoluir. Você não chegou à altura que tem hoje crescendo de dez em dez centímetros. Foram milímetros a cada dia.

Outro ponto importante: o seu primeiro salto no empreendedorismo não é o melhor momento para dar piruetas, ou seja, para você tentar fazer muitas inovações. Nem para querer revolucionar o mundo dos negócios. Esse é o momento de você aprender a empreender, é a hora de dar saltos menores até estar confortável com a dinâmica do ambiente.

Antes de pensar em saltos, é preciso definir como seu negócio pode ser necessário para alguém. Primeiro, você **identifica a dor que deseja resolver** com o seu primeiro empreendimento (a sua ideia genial), então você vai seguir para o **processo de validação**, que nada mais é que consultar diversas pessoas dessa área para saber se eles também sentem a dor que você identificou e se comprariam a **solução** que você está propondo. Essa fase chama-se **identificação do produto ao mercado** (em inglês, *product-market fit*).

Se você realmente identificar muitos clientes em potencial, o próximo passo será **estudar se o projeto é lucrativo para você. Para que a solução seja considerada muito boa, é preciso que você encontre uma maneira de produzir e entregar por um preço que as pessoas queiram e possam pagar, e que ainda sobre bastante dinheiro para você lucrar.** Mas isso é assunto para daqui a pouco. Por ora, a melhor notícia que eu tenho para dar é: **Para abrir a sua primeira empresa, você <u>não</u> precisa ter uma ideia brilhante!**

VOCÊ NÃO PRECISA TER UMA IDEIA BRILHANTE

Eis a maior verdade de todas: a sua primeira ideia não é tão boa assim!

No começo, você vai cometer um monte de erros. Ou seja, na sua primeira tentativa, não tente mudar o mundo, nem queira criar algo extremamente complexo. Essa tentativa serve para você **aprender a empreender**. Encontre algo simples que resolva um problema real e comece por aí. Não perca tempo elaborando demais, escrevendo demais ou investindo demais. Encontre um problema de verdade (daqueles que você não entende como ninguém resolveu ainda), estabeleça uma solução que outros pagariam para ter e comece a testar o mais rápido possível. A partir das respostas que receber de seus primeiros clientes e usuários (o famoso feedback), reformule a oferta e adapte o que for necessário. Teste de novo! Repita esse processo quantas vezes for necessário, cada vez mais sério e mais rápido.

Se for possível, aproveite a boa vontade dos seus amigos e comece a colocar a sua ideia em prática com eles. Se você cometer erros pequenos, e logo no início, não terá perdido muita coisa, mas certamente aprenderá bastante. Caso esse processo ajude você a identificar e apresentar uma solução que o mercado de fato valorize, será o início de uma linda jornada.

Provavelmente você já está começando a pensar sobre quais são as suas áreas de conhecimento, suas áreas de conforto. Então, comece com as seguintes reflexões: **No que eu sou bom?, O que eu faço há bastante tempo?, Qual é o assunto que eu domino?, Pelo que eu sempre recebo elogios?** Faça uma pequena lista com os temas e tópicos com os quais você se sente muito confortável para trabalhar. Porque tudo começa com **você**, suas qualificações.

Quanto mais converso com as pessoas, mais surpreso fico com a quantidade de negócios diferentes que existem por aí trazendo lucros e independência financeira para os seus donos. Desde coisas comuns, como lavanderias e cafeterias, até coisas de que eu nunca ouvi falar, como uma borracha nova que prende não sei o quê, aquele primo que cria cursos on-line ou um amigo que importou (a pedidos) mais de duzentas mil perucas e apliques de cabelo. A grande verdade é: basta uma pequena ideia, bem executada e direcionada ao público certo, para que você consiga montar o seu primeiro negócio de maneira lucrativa.

Mas onde encontrar essa ideia?

Naquele momento, em 2010, quando eu decidi sair do emprego para abrir minha primeira empresa, comecei uma jornada (maluca) para descobrir um produto bom e "que eu pudesse chamar de meu".

Tentei identificar oportunidades aleatórias no mercado em que houvesse alguma falta de produto ou serviço que eu pudesse resolver. Minhas fontes eram revistas, eventos e reuniões de grupo.

O grande problema desse método de busca é que empreendedores iniciantes ainda não possuem experiência empreendedora suficiente para avaliar corretamente esse tipo de oportunidade. É muito fácil errar. É quase um jogo de sorte ou azar, e não um conhecimento em si.

O melhor que eu deveria ter feito (como você agora já sabe) era limitar minha busca e me concentrar apenas naquelas áreas em que eu já era muito bom (minhas áreas de conforto). No entanto, acabei abrindo uma empresa em uma área que estava além das minhas capacidades. O lado positivo foi que (ao menos) eu decidi vender para as mesmas pessoas e empresas que já me conheciam. Ou seja, mantive os clientes, mas pagamos um preço muito alto por eu não conhecer a fundo a produção dos eventos, que era a área de conforto dos outros sócios, não a minha.

Nossas habilidades eram complementares. Eu sabia vender e eles sabiam entregar, mas havia ainda um grande problema. Eu não sabia vender os eventos que eles sabiam que entregar, e eles não sabiam atender às demandas dos clientes que eu arranjava. Faltava ali no meio qualquer coisa que fizesse a junção dessas duas pontas importantíssimas.

A essa altura, já tínhamos fechado o quadro societário da U5 Eventos, que era formado por mim (ex-executivo e especialista em vendas para grandes empresas), pela minha irmã Alessandra e pelo nosso grande amigo Luciano (ambos especialistas em produção de eventos de grande porte) e minha esposa Claudia, (ex-CEO/executiva de empresas multinacionais e especialista em gestão). Um time bastante forte que ainda estava aprendendo a trabalhar como uma equipe.

SUA REPUTAÇÃO É O SEU PRIMEIRO CARTÃO DE VISITAS!

Se você já está inserido em algum mercado, o seu primeiro cartão de visitas sempre será a sua notoriedade. Aquilo que as pessoas já pensam sobre você e sobre a maneira como você entrega seu trabalho será o caminho mais fácil (ou o mais difícil) para começar. Sabendo disso, você deverá levar em consideração a sua imagem e estudar a melhor maneira de utilizá-la (ou não) em seu favor.

Naqueles momentos iniciais da nossa vida empreendedora, entrou em cena o fator sorte. A pessoa que seria nossa quinta sócia decidiu, de última hora, que não queria correr o risco de ser empresária e acabou aceitando uma oferta como gerente de marketing em uma empresa multinacional de telecomunicações. No entanto, veio justamente dela a oportunidade que mais precisávamos para fechar o nosso primeiro grande contrato e iniciar de vez a jornada.

Assim que começou em sua nova função, foi aberto um processo de contratação para uma agência de produção realizar três eventos de médio porte. Ela, que confiava muito em mim e já sabia que o time da U5 tinha muita qualidade e experiência apesar da juventude da empresa, nos indicou para essa concorrência, avalizando pessoalmente a qualidade do nosso trabalho, a despeito da U5 Eventos nunca ter emitido uma fatura sequer. Ela nos conhecia e sabia que faríamos tudo para superar as expectativas de seu novo empregador, entregando muito mais do que fosse contratado porque, assim, poderíamos criar o nosso primeiro grande caso de sucesso. E foi o que aconteceu. Brilhamos (Sorte = Preparo + Oportunidade)!

Vale ressaltar que qualquer pessoa que o indica e dá um aval pessoal ao seu negócio ou trabalho está emprestando a você a própria reputação, e isso é algo que você jamais deve esquecer ou subestimar. Tenha gratidão eterna.

Os três eventos de fato levaram a U5 a outro patamar no mercado. A partir deles, tínhamos uma história de sucesso para contar, um portfólio para mostrar, contratos assinados, contabilidade, cliente satisfeito e pagante, além de referências comerciais. A empresa vira realidade quando emite as primeiras faturas. Torna-se muito mais fácil vender ao segundo cliente quando você já pode mostrar tudo o que fez de bom para o primeiro.

E foi assim mesmo que aconteceu, tudo muito rápido. Saí como louco marcando cafés, almoços e reuniões de apresentação com dezenas de amigos, conhecidos e referências das indústrias em que a Claudia e eu havíamos trabalhado. Rapidamente começamos a encher nossas agendas de eventos e vieram os grandes faturamentos e os grandes investimentos em pessoal, material e produção.

Não tardou muito, começaram a vir, também, nossos primeiros problemas, 99% deles causados pela minha falta de conhecimento e inexperiência em gestão de empresas. Eu não era ainda um empreendedor profissional, não sabia gerir o dia a dia da operação, e nossa operação era mesmo muito complexa. Cometi erros de gestão de pessoas, gestão tributária, gestão de fluxo de caixa, gestão financeira, investimentos altíssimos em salas e nas reformas delas, enfim, muitos erros já mencionados aqui, todos frutos da minha inexperiência como empresário.

Cansei de receber broncas dos meus sócios porque vendi barato demais, com prazos apertados, ou em volumes errados. Nunca eram erros grandes, mas a soma de pequenos erros também causa grandes problemas. É relativamente fácil para um profissional de vendas experiente como eu transmitir credibilidade e convencer um cliente a comprar determinado serviço, mesmo sem conhecê--lo profundamente. No entanto, esse é um tiro que pode sair pela culatra porque, no final do dia, a empresa precisava entregar o que eu vendi. E esses erros criaram dificuldades adicionais para os meus sócios e para toda a operação (lembra da crise de choro no avião?).

Toda a experiência que acumulei nesses onze anos empreendendo me proporcionou uma grande certeza: **Um empreendedor <u>não deve começar</u> sua primeira atividade em uma área em que <u>não seja especialista.</u> Muito menos começar em algo que seja complexo demais.**

Veja bem, se você já é especialista na área em que vai começar a empreender, poderá se concentrar em aprender rapidamente as "partes chatas" do negócio. Essa é a chave para acelerar e multiplicar suas chances de sucesso.

O DILEMA DA INOVAÇÃO

Agora vamos aproveitar o momento para desmistificar outra palavra imponente que atrapalha muito mais do que ajuda: **inovação**.

Por força do marketing, das capas dos livros, dos "especialistas" nas matérias de revista e até do noticiário da televisão, somos levados a acreditar que a chave do sucesso no mundo dos negócios é inovar, criar algo surpreendente todos os dias, pensar fora da caixa continuamente, ousar a cada passo. Dizem por aí que a empresa que não inova, morre. Será que isso é mesmo verdade?

Eu acho que não. Acredito que interpretamos mal essa palavra e, com isso, criamos para nós mesmos mais problemas do que soluções, e gostaria de explicar melhor o que isso quer dizer.

O dicionário Michaelis[25] define a palavra "inovar" como "introduzir novidades; produzir ou tornar algo novo; renovar, restaurar".

Já o Dicio[26] define "inovar" como "realizar algo novo ou que nunca havia sido feito antes; produzir novidades; renovar; fazer com que fique novo".

Mas o que ninguém explica é: Qual é o tamanho que essa inovação precisa ter para ser considerada? Aí é que está a chave de tudo. Ela pode ser mínima, realmente pequena. Uma singela mudança em algo que já existe e que produza resultados melhores para você e sua empresa já pode ser chamada de "uma grande inovação".

Por exemplo, a partir do desconfinamento da pandemia, quando os grupos de amigos começaram a voltar aos bares, uma marca de cerveja portuguesa chamada Super Bock lançou uma edição especial de garrafas *longneck* com cores diferentes pintadas no gargalo de cada unidade, para evitar a troca acidental e proporcionar uma experiência de consumo mais segura. Essa ação de marketing foi batizada de "Amigos, amigos, cervejas à parte".[27] Foi uma mudança mínima em um pedaço de papel colado no gargalo, mas uma grande inovação para a segurança dos usuários.

Em uma comparação maior, é claro que criar um banco 100% digital, sem agências físicas, que oferece todos os serviços e transações pela internet, também é uma grande inovação e muito mais impactante. No entanto, as inovações podem estar em ideias sutis do dia a dia e que, às vezes, não damos a devida atenção.

---

25 INOVAR. *In*: DICIONÁRIO Brasileiro da Língua Portuguesa Michaelis. São Paulo: Melhoramentos, 2022. Disponível em: https://michaelis.uol.com.br/moderno-portugues/busca/portugues-brasileiro/inovar/. Acesso em: 30 mar. 2022.

26 INOVAR. *In*: DICIO, Dicionário Online de Português. Porto: 7graus, 2022. Disponível em: https://www.dicio.com.br/inovar/. Acesso em: 30 mar. 2022.

27 NÃO sabe qual é a sua garrafa? A Super Bock ajuda. **Marketeer**, 12 abr. 2021. Disponível em: https://marketeer.sapo.pt/nao-sabe-qual-e-a-sua-garrafa-a-super-bock-ajuda/. Acesso em: 30 mar. 2022.

Quer mais exemplos? No início dos anos 1990, quando os copos descartáveis começaram a ser usados em larga escala para bebidas muito quentes, Jay Sorensen, um consumidor comum,[28] criou um suporte supersimples de papelão para evitar queimar os dedos e ficou multimilionário. Ele era um corretor de imóveis e costumava tomar café dentro do carro, até que um dia derrubou o café no colo e se queimou. Você provavelmente já utilizou essas proteções em alguma rede de cafeterias famosa.

Outra pessoa comum, Sara Blakely,[29] criou uma cinta feminina de compressão chamada SPANX e fez uma fortuna com isso. Ela estava incomodada porque não tinha uma roupa para colocar por baixo de uma calça branca e começou a cortar e costurar tecidos da cor de sua pele.

Já a empresa fabricante de papel higiênicos Kimberly-Clark Brasil criou uma solução muito simples, em 2009, quando decidiu que compactando (amassando) seus rolos de papel higiênico conseguiria diminuir significativamente o volume de cada fardo, gerando uma economia de 15% nos custos de transporte e de 19% no custo de embalagem, aumentando, assim, a margem bruta em mais de 20%. Ela ganhou diversos prêmios de sustentabilidade e transformou inteiramente sua operação. A estratégia foi batizada de "*Just one hug*" (Apenas um abraço).[30] Simples, não?

Tudo isso para mostrar que existem mil e uma formas de inovar. Não se deixe impressionar apenas pelas grandes invenções, as mais tecnológicas, as digitais ou as que parecem impossíveis de ser concebidas por

---

28 CONNOLLY, C. How the Coffee Cup Sleeve Was Invented. **Smithsonian Magazine**, 16 ago. 2013. Disponível em: https://www.smithsonianmag.com/arts-culture/how-the-coffee-cup-sleeve-was-invented-119479/. Acesso em: 30 mar. 2022.

29 ABOUT Us. **SPANX**, 2022. Disponível em: https://spanx.com/pages/about-us. Acesso em: 30 mar. 2022.

30 KIM, C.; MAUBORGNE, R. How a Consumer-Goods Giant Made its Toilet Paper Stand Apart. **Blue Ocean Strategy**, [*s. d.*]. Disponível em: https://www.blueoceanstrategy.com/blog/how-a-consumer-goods-giant-made-its-toilet-paper-stand-apart/. Acesso em: 30 mar. 2022.

um ser humano comum, como você e eu. Procure uma coisa simples para começar. E, depois, se quiser ou puder, melhore e continue evoluindo.

Tenho um amigo, por exemplo, que só quer inovar em software. Tudo para ele é sobre programação e bytes. Ótimo, essa é a área de conforto dele. Eu procuro inovar fazendo pequenas mudanças em algo que já existe. Essa é a minha área de conforto. Um cozinheiro procura inovar no sabor, misturando temperos ou ingredientes. É o que ele conhece melhor. Um técnico de futebol busca inovar criando novas jogadas. Um outro amigo, que trabalhava na Nokia, era especialista em logística e adorava inovar criando melhores controles em planilhas Excel.

E você? Quais inovações simples já passaram pela sua cabeça, aquelas mudanças em coisas que você usa ou conhece bem? Anote aqui algumas situações que o incomodam e que você mudaria (inovaria) se fosse possível:

_____

_____

_____

_____

Na maioria das vezes, as inovações surgem como forma de alívio. Mudamos ou incrementamos alguma pequena coisa para melhorar algo que nos incomoda. E, então, sentimos essa grande sensação de alívio. *Nossa, que bom! Que confortável! Que fácil! Que simples!* Como aquela sensação que temos ao colocar um tênis ou uma calça que encaixam perfeitamente em nosso corpo. Que delícia!

Não acredite apenas na minha palavra: Abbey Lewis,[31] diretora

---

31 LEWIS, A. It Doesn't Take Creative Genius to Innovate. **Harvard Business Publishing**, 25 abr. 2019. Disponível em: https://www.harvardbusiness.org/it-doesnt-take-creative-genius-to-innovate/. Acesso em: 30 mar. 2022.

de produtos e conteúdo da Harvard Business Publishing, escreveu um excelente artigo em que diz: "O que precisamos fazer é repensar inovação. Precisamos reconhecer que a inovação pode vir de qualquer lugar, e que não precisa ser revolucionária para ajudar uma organização a prosperar". E complementa:

> Certamente, as inovações podem ser grandes: um novo produto ou serviço, abrindo um novo mercado. Mas elas também podem ser menores em escopo. E não precisam ser totalmente originais também. Podem ser abordagens que foram testadas e comprovadas em outros lugares, mas são novas para a sua organização.

Há ainda uma famosa frase atribuída a um dos maiores inventores de todos os tempos, Thomas Edison, que diz: "Inovação é 1% inspiração e 99% transpiração".[32]

Além de todos esses exemplos, outra ideia é identificar novidades que foram sucesso em outros locais e trazê-las para a nossa realidade. De repente, fazer igual ao que já existe por aí, mas usar um preço ou um material diferente. Uma grande e famosa marca de luxo colocou à venda, por um preço exorbitante, uma sacola de compras azul, muito similar à que se vende por um dólar em uma famosa cadeia de lojas de decoração.[33]

O "Tio Zé", por exemplo, pode ver uma padaria assando frango aos domingos em uma churrasqueira improvisada e decidir começar a oferecer o mesmo produto para os moradores do seu bairro.

---

[32] GOVINDARAJAN, V. Innovation Is Not Creativity. **Harvard Business Review**, 3 ago. 2010. Disponível em: https://hbr.org/2010/08/innovation-is-not-creativity.html. Acesso em: 30 mar. 2022.

[33] CAIN, Á. Balenciaga designer reveals why he famously made a $2,000 version of an Ikea bag. **INSIDER**, 27 fev. 2019. Disponível em: https://www.businessinsider.com/balenciaga-ikea-bag-inspiration-designer-says-2019-2. Acesso em: 29 maio 2022.

EMPREENDA AGORA!

Para todos os seus vizinhos, ele inovou, e essa experiência pode se transformar rapidamente em uma empresa de verdade para ele.

Vamos entrar mais a fundo nessa ideia?

CASO DA JOVEM DE 19 ANOS

Visualize uma jovem com 19 anos e me diga, honestamente, que experiência ou conhecimento pode ter uma pessoa que mal saiu da adolescência, para querer abrir o seu primeiro negócio? Acompanhe meu raciocínio:

- **Essa jovem anda de skate desde os 12 anos, portanto já acumula sete anos de experiência em:**

   Quais são as roupas mais adequadas e descoladas para meninas usarem durante a prática do esporte; os nomes de todas as manobras; os melhores locais (picos) da cidade para andar de skate; as manobras mais fáceis para iniciantes e intermediários; todos os assuntos relacionados ao universo feminino nesse meio (os preconceitos sofridos pelas mulheres no esporte, roupas confortáveis e seguras, como praticar mesmo durante a menstruação – com o uso de coletores menstruais, por exemplo); os melhores produtos e acessórios para skates (como rodas, lixas, *boards* etc.).

- **Essa jovem de 19 anos estuda, frequenta escolas e tem vida social desde os 5, portanto acumula catorze anos de experiência em:**

   Dificuldades de relacionamento relativas à fase da adolescência; maquiagem, lenços e adereços para utilizar; melhores festas e baladas para curtir as matinês; artistas e itens que adolescentes do seu meio valorizam ou reprovam; domínio das plataformas e ferramentas digitais que adolescentes utilizam para se comunicar, incluindo a produção e edição de fotos e pequenos vídeos; o que as pessoas da idade dela usam, conteúdos que consomem, dificuldades e facilidades do ambiente acadêmico, matérias, tarefas de casa, trabalhos escolares e afins.

- **Essa jovem faz brigadeiros em casa desde os 14 anos, aprendeu com a avó. Portanto, acumula cinco anos de experiência em:**

Ponto de cocção de brigadeiros, beijinhos e doces similares; conhecimento sobre os melhores ingredientes para usar (chocolate puro, achocolatado, melhores marcas de manteiga e de leite condensado); melhores equipamentos e apetrechos de cozinha; tempo de validade do doce até perder a textura ideal, ou mesmo estragar; a melhor forma de armazenamento para que dure mais; rendimento total e quantidade de brigadeiros por lata de leite condensado.

E agora? Percebeu que ela não é tão inexperiente como você acreditava?

A partir do momento em que ela identificou essas três áreas de conforto, que são as que ela mais domina e sabe conversar a respeito tranquilamente com qualquer pessoa, pode começar a fazer uma lista de vários negócios possíveis para começar imediatamente, dentro de cada área, sempre respeitando as condições atuais de disponibilidade de tempo, recurso e dinheiro. Vamos ver:

No segmento do skate

1. Pode criar um canal com aulas de skate on-line;
2. Pode dar aulas de skate para crianças, ou apenas meninas, na região onde mora;

3. Pode criar conteúdo digital relacionado ao mundo do skate como: entrevistas, visitas aos melhores locais, manobras, recordes, competições, acessórios etc.;
4. Pode representar e revender partes ou acessórios de skate que sejam difíceis de encontrar na região e que ela possa comprar em maior volume com preço mais baixo em outro lugar;
5. Pode vender itens para meninas praticarem o esporte (camisetas, calças, prendedores de cabelo, maquiagens etc.).

No segmento da escola

6. Pode comprar e vender doces e balas nos intervalos das aulas;
7. Pode oferecer aulas de reforço para crianças das turmas mais novas;
8. Pode fazer trabalho de revisão acadêmica para outras pessoas;
9. Pode fazer ou revender itens de moda para o pessoal do colégio;
10. Pode representar eventos e locais de festas dentro do colégio, como promotora;
11. Pode representar agências de turismo e intercâmbio dentro da escola.

No segmento dos doces

12. Pode preparar brigadeiros para vender na escola, no treino de skate ou na rua;
13. Pode oferecer brigadeiros feitos de forma artesanal nas padarias do bairro;
14. Pode vender brigadeiros e doces para festas de crianças;
15. Pode comprar e revender formas, tachos, embalagens e itens de produção de doces;

16. Pode criar um e-book de receitas fáceis de doces para jovens fazerem em casa.

Em menos de cinco minutos, consegui listar dezesseis alternativas de primeiros negócios para essa jovem que, supostamente, "nada tinha de conteúdo a oferecer para a sociedade" e, ainda, fiz questão de utilizar a palavra **pode** no início de cada linha, para que você guarde esse conceito: Ela pode! Ela possui a capacidade para executar (e você também!).

Agora, qual seria o próximo passo para ela? Avaliar com calma qual dessas alternativas ela conseguiria colocar em prática neste momento, com as condições que ela possui **hoje**. Estou falando de limitações de tempo, dinheiro, oportunidade, companhia, permissões e local, por exemplo.

O objetivo de um primeiro negócio não deve ser ficar rico imediatamente, deve ser **aprender a empreender**. Depois que começamos a praticar o empreendedorismo, as coisas evoluem de maneira natural. É provável que o primeiro negócio dela será completamente diferente daqui a um ou dois anos. Será a partir deste primeiro negócio que ela irá aprender sobre custos, preços, margens, logística, segurança, ofertas, marketing, tudo em pequena escala e com mínimo risco.

Para sintetizar, os três primeiros passos de que você precisa para começar a idealizar seu primeiro empreendimento são:

Passo 1: Definir as áreas de conforto;

Passo 2: Listar uma série de possíveis negócios dentro das áreas de conforto;

Passo 3: Selecionar a atividade que consegue abrir hoje.

A IMPORTÂNCIA DE BUSCAR AS IDEIAS DENTRO DE UMA ÁREA DE CONFORTO

*"Se você sabe tudo sobre sapatos, **não** tente abrir um restaurante."*

Você sabe qual é o erro mais comum das pessoas quando vão abrir o primeiro negócio? Trabalhar anos em uma área e começar a empreender em outra.

Imagine uma pessoa que trabalhou por diversos anos em uma oficina mecânica e, ao sair para empreender, decidiu abrir um quiosque de sorvete, oferecendo mais de trinta variedades de coberturas para se colocar por cima dos doze sabores disponíveis. Ou, então, imagine uma mulher que cozinha superbem, mas resolveu virar sócia de uma prima em um pet shop. Ou ainda, aquele executivo da área de informática que investiu pesado em uma franquia de papelaria.

Esses exemplos acontecem diariamente, mas, depois de ler a primeira parte deste livro, essas escolhas ainda fazem sentido na sua cabeça? Você conhece alguém que tomou esse tipo de decisão? Alguém que trabalhou por anos em determinada área, mas decidiu abrir o primeiro negócio em outra? O que eles dizem? Nos três casos anteriores, as pessoas estão deixando de aproveitar muita experiência acumulada que já possuem e, ainda por cima, desperdiçando quase todos os contatos profissionais que têm na agenda.

Lamentavelmente, quase todos os dias eu escuto alguém me dizer: "Nossa, foi isso que eu fiz e não deveria ter feito!".

E o segundo erro mais comum que novos empreendedores cometem, sabe me dizer qual é? Eu respondo: decidir começar com algo complexo demais.

Conheço muitas pessoas que, apesar de terem começado projetos dentro das suas áreas de conforto, escolheram projetos complexos demais para um iniciante (o mesmo erro que eu cometi), investindo muito dinheiro, tempo e dedicação em negócios que demandavam muito mais capacidade e conhecimento empresarial do que a experiência deles permitia. Em resumo, "deram passos maiores do que a perna".

Esses dois erros extremamente comuns derrubam qualquer pessoa em pouquíssimo tempo.

Um exemplo real: meu amigo era diretor de marketing de uma multinacional e se associou ao sogro para abrir uma empresa de importação e venda de uma famosa marca de empanadas vindas diretamente da Argentina para serem vendidas ao público brasileiro em alguns pontos de venda. Empanadas são como pequenos pastéis ou risoles assados, recheados com os mais variados sabores e temperos. O problema não era abrir esse tipo de empresa, mas a quantidade de tempo e dinheiro que ele precisou investir apenas para conseguir começar o negócio, que dependia de autorizações de importação, frete internacional, desembaraço na alfândega, armazenamento refrigerado de médio porte, autorizações da Agência Nacional de Vigilância Sanitária (Anvisa), operações de câmbio de moedas, distribuição e armazenagem local, fogões e ligações de gás, contratação e treinamento de funcionários, vendas, impostos, contador, aluguel, preparo de diversos pontos de venda, uniformes, marketing, e mais uma infinidade de outras funções e atividades do dia a dia, apenas para que pudesse começar a vender a primeira empanada.

Além disso, com baixo valor unitário, ele precisaria vender muitas empanadas por dia apenas para cobrir os investimentos iniciais, que foram altos. Tenho certeza de que após essa experiência, se ele pudesse voltar no tempo, teria começado de maneira mais simples, talvez aprendendo a fazer boas empanadas localmente e depois evoluindo para o salgado importado. Meu raciocínio faz sentido para você? Não quero afirmar, mas muito provavelmente, durante esse mesmo período, uma senhora chamada Maria vendia deliciosos risoles fabricados em casa para centenas de passantes na estação de metrô, lucrando milhares de reais por mês.

É muito, **muito** importante começar pequeno e aprender rapidamente o máximo possível. Aprender a viver sem salário fixo, aprender a gerir todo o dinheiro que sai e o dinheiro que entra (fluxo de caixa), aprender a economizar recursos, aprender a conviver com a ansiedade de não conseguir marcar uma reunião na hora em que queremos, aprender a contratar e a negociar salários dos funcionários e a delegar funções, aprender com os contadores o melhor regime tributário para que paguemos menos impostos, aprender as leis trabalhistas para correr menos riscos de processos e sermos mais justos com nossos funcionários, enfim, aprender sobre os atalhos do dia a dia empreendedor. Gestão de empresas.

Alguns conceitos são mais óbvios. Quase todo mundo já escutou que precisa comprar barato e vender caro, não é mesmo? O que ninguém ensina é que somente isso não basta, temos que saber também calcular os impostos, o preço de venda, os custos de produção, o prazo de pagamento, os juros, as taxas e as margens, por exemplo. Não há como acelerar esse aprendizado sem que se comece a atuar; apenas o tempo e o estudo vão nos ensinar. É como começar uma dieta hoje e querer perder 20 quilos até amanhã. Impossível.

O gestor de fundo de investimentos e empreendedor Jonathan B. Silva,[34] descreve de maneira simples que, para poder viver bem e acumular dinheiro, suas rendas devem ser maiores do que suas despesas, e complementa descrevendo que há algumas maneiras de se obter essas rendas. Elas podem vir de maneira direta, quando você vende o seu tempo de trabalho (como um funcionário ou como

---

34 SILVA, J. B. **Aventuras do investidor pirata**: como lucrar nos mercados financeiros e alcançar a independência financeira. Lisboa: Splash!, 2021. p. 13-14.

um empreendedor individual), ou de maneira passiva, quando você é o investidor ou dono de um negócio e são outras pessoas que produzem e entregam aquele serviço por você.

O autor complementa dizendo que o objetivo dos empresários é criar sistemas que produzam lucros baseados na delegação das operações do dia a dia a uma equipe de confiança. E ainda nos brinda com uma dose de realidade que todos precisamos ouvir durante esse processo quando diz: "Enquanto essa oportunidade ou ideia não surgir, vou procurar empregos bem remunerados para juntar o máximo de capital possível, que depois poderei aplicar na criação dessas fontes de renda".

A precisa descrição do autor nos mostra que o caminho para empreender é buscar algum negócio que possamos expandir através de uma equipe que nos apoie. Sim, é possível sermos empreendedores individuais, mas precisamos sempre criar um plano de desenvolvimento de nossa "carreira empresarial" e evoluir gradativamente.

A IMPORTÂNCIA DE APRENDER A DIZER "NÃO, OBRIGADO"

Pode parecer esquisito, mas um dos principais indicadores de que você se transformou em um empresário experiente é quando aprende a dizer não para aquilo que você identifica que não é capaz de executar ou que não vale a pena se esforçar.

Essa palavra poderosa é mesmo muito difícil de dizer porque, quando abrimos nossa primeira empresa, precisamos faturar logo, crescer, gerar dinheiro para viver e para justificar a decisão tomada. Você pode se perguntar: *como vou recusar um trabalho ou uma oferta, mesmo se for ruim?*

Os compradores, que também não são bobos, possuem o objetivo claro de comprar o máximo que puderem pelo menor preço possível, de preferência recebendo o produto ou serviço na mesma hora. Portanto, cabe a você estabelecer os seus limites e não os seus clientes.

Além disso, vale ressaltar que as tentações não vêm apenas de fora, seus próprios funcionários e sócios virão com problemas e oportunidades que você precisará avaliar com muito cuidado para saber se valem a pena, e vai ser bastante difícil dizer não.

Como já disse antes, uma das principais críticas que recebi dos meus sócios no começo da operação foi justamente essa: aceitar cenários complicados demais para eventos, o que reduzia nossa margem de lucro ou dificultava a entrega e, muitas vezes, os dois problemas ao mesmo tempo.

Pode ter certeza de que o cliente respeita bastante aqueles fornecedores capazes de recusar uma oportunidade através de uma justificativa bem fundamentada. Demonstra maturidade e, inclusive, aumenta a confiança em você quando disser sim.

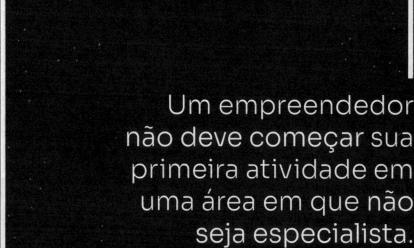

> Um empreendedor não deve começar sua primeira atividade em uma área em que não seja especialista.

FABIO RODRIGUES – EMPREENDA AGORA!

IDENTIFICANDO SUA ÁREA DE CONFORTO!

A área de conforto é a melhor amiga do empreendedor!

Agora falaremos de você. Tenho uma pergunta simples: **no que você é bom(a)?**

Você prefere comer um prato doce ou salgado? Qual deles você acabaria primeiro? Você prefere jogar futebol ou ler um livro? Qual dessas atividades você conseguiria fazer por três horas seguidas, sem parar? Você prefere fazer uma planilha ou escrever um texto? Em qual você seria capaz de encontrar erros e produzir melhorias que lhe proporcionassem satisfação?

As pessoas são diferentes umas das outras. Cada um possui vontades diferentes, prazeres diferentes, curiosidades, gostos, jeitos. Por que deveriam seguir padrões iguais?

Se você pedir a mesma tarefa para duas crianças, é muito provável que cada uma a realize do seu próprio jeito: aquele que for mais confortável para ela. Às vezes, até uma tarefa simples como "buscar um copo de água para o papai" pode ser realizada de maneiras completamente distintas. Uma criança pode ir pulando sobre as cadeiras, enquanto a outra vai reclamando; uma vai dançando, enquanto a outra vai andando de costas. Uma se distrai com o gato no caminho, enquanto a outra vai e volta em um segundo, com uma pedrinha de gelo dentro.

Com os adultos não é diferente. Pode testar, escolha uma tarefa com alguma complexidade e peça, separadamente, para que dois funcionários, dois amigos ou dois familiares a executem. Se não houver uma regra predeterminada, cada um vai resolver da sua própria maneira. Os adultos, diferentemente das crianças, já possuem um monte de comportamentos sociais preestabelecidos, então, se você pedir uma tarefa simples como buscar água, a execução de ambos será parecida. Porém, se você pedir algo um pouco mais complexo, como reservar um restaurante, lavar a louça ou criar um texto, você perceberá diferenças claras na execução.

Isso se chama **vocação**: a facilidade com que cada pessoa executa certos tipos de tarefas e atividades, e explica também a dificuldade que cada um enfrenta quando realiza outras tantas atividades.

O dicionário Michaelis[35] define a palavra "vocação" como "Qualquer disposição natural do espírito; pendor, talento. Inclinação para qualquer atividade, ofício, profissão etc.; propensão, tendência".

A vocação é um grande facilitador para a sua vida, não vale a pena desperdiçar ou lutar contra. É claro que funções podem ser bem treinadas. Eu, por exemplo, aprendi matemática, mas gosto mesmo é de estar em um palco dando palestras. Já minha esposa, que é minha grande parceira de vida e divide tudo comigo há quase vinte anos, é formada em Matemática. Temos mil coisas em comum, porém, vocações diferentes.

---

35 VOCAÇÃO. *In*: DICIONÁRIO Brasileiro da Língua Portuguesa Michaelis. São Paulo: Melhoramentos, 2022. Disponível em: https://michaelis.uol.com.br/moderno-portugues/busca/portugues-brasileiro/vocacao/. Acesso em: 4 abr. 2022.

ÁREA DE CONFORTO NÃO É ZONA DE CONFORTO!

"Mas espere aí, Fabio! Todos os dias escuto alguém dizendo para eu **sair da minha zona de conforto**."

Não se confunda, a famosa expressão "sair da zona de conforto" refere-se às pessoas acomodadas, aquelas que, por qualquer razão, não querem nenhum desafio adicional. Estão satisfeitas com a situação atual e não querem explorar novas possibilidades.

Você já percebeu que eu estou falando de outro termo, **área de conforto**, que se refere àqueles assuntos que você já conhece bem, se identifica, tem vocação, já foi treinado e é capaz até de ensinar para outras pessoas.

Bruce Lee, artista marcial e ator mundialmente conhecido, uma vez declarou: "Eu não tenho medo do homem que praticou dez mil chutes diferentes, mas sim do homem que praticou o mesmo chute dez mil vezes".[36] Aí está um bom exemplo do que quero que você entenda: ao empreender, você estará constantemente exposto a inúmeras novidades e tentações. Então, a melhor decisão que você pode tomar na hora de **abrir sua primeira empresa** é insistir em algum assunto que você já domine, que seja a sua famosa "área de conforto".

Imagine dois cenários diferentes. No primeiro você vai acordar todos os dias e ser obrigado a realizar tarefas de que não gosta ou não sabe executar direito. Atividades que sejam difíceis e até doloridas para você. Todos os dias parecerão como um primeiro dia de trabalho, desajeitado, cheio de insegurança.

---

36 LEE, B. "I fear not the man who has practiced 10,000 kicks once, but I fear the man who has practiced one kick 10,000 times.". [s. l.], 11 set. 2020. Twitter: @brucelee. Disponível em: https://twitter.com/brucelee/status/1304344053216096256. Acesso em: 4 abr. 2022.

Agora, imagine o oposto, acordar todos os dias confiante para realizar tarefas dentro de uma área que você domina, sabe quais botões apertar, entende a dinâmica, prevê as consequências de cada ato, antecipa os movimentos, conhece muitas pessoas e, de vez em quando, ainda ouve um elogio. Que delícia, não?

E digo mais, com o passar do tempo, suas habilidades vão se desenvolvendo e você se tornará especialista em mais assuntos. Suas áreas de atuação se expandirão naturalmente, e você será capaz de voos mais amplos. Acontece com todo mundo e vai acontecer com você também.

CADA UM NA SUA ESPECIALIDADE

Nos Jogos Olímpicos de Verão Tóquio 2020,[37] participaram mais de 11 mil atletas, em 339 modalidades diferentes. São 11 mil seres humanos no auge da performance que representam o que há de melhor no mundo em suas especialidades. Imagine, agora, se as Olimpíadas inteiras fossem resumidas a apenas um evento, uma única competição de atletismo em que seria vencedor aquele que corresse os cem metros mais rapidamente. Qual seria o desempenho do nadador Michael Phelps, atleta com o maior número de medalhas olímpicas da história?[38] Ele deixaria de ser considerado um fenômeno e passaria a ser um perdedor, assim como todos os judocas, ginastas, jogadores de basquete, atiradores e maratonistas recordistas que conhecemos. Se, por outro lado, essa única prova fosse de arremesso de pesos, então o Usain Bolt, recordista mundial e homem mais rápido de todos

---

37 O evento foi realizado em 2021 por conta das restrições da pandemia de covid-19. Saiba mais em: Tóquio 2020. Olympics, [s. l., s. d.]. Disponível em: https://olympics.com/pt/olympic-games/tokyo-2020. Acesso em: 24 abr. 2022.

38 MICHAEL Phelps. Olympics, [s. l., s. d.]. Disponível em: https://olympics.com/pt/atletas/michael-phelps-ii. Acesso em: 4 abr. 2022.

> A vocação é um grande facilitador para a sua vida, não vale a pena desperdiçar ou lutar contra.

FABIO RODRIGUES – EMPREENDA AGORA!

os tempos nas provas de cem e duzentos metros,[39] passaria a ser o retardatário. Todos os 11 mil atletas que lá estavam são verdadeiros fenômenos, porém cada um na sua especialidade.

Todo mundo é um gênio. Mas se você julgar um peixe por sua capacidade de subir em uma árvore, ele vai viver toda a sua vida acreditando que é um estúpido.[40]

Quando você conseguir identificar em que você é bom e o que você realmente gosta de fazer, suas chances de sucesso aumentarão muito.

Mesmo dentro de apenas uma modalidade esportiva, como a natação, por exemplo, ainda cabem diversas habilidades diferentes. Há os atletas especialistas em nadar apenas cinquenta metros com o máximo de explosão e os que nadam mil e quinhentos metros sem perder consistência. Há os que atravessam a piscina de costas e os que nadam estilo golfinho ou peito. E as competições realizadas dentro da água ainda extrapolam para polo aquático, maratonas marítimas e natação artística.

Por isso digo que é muito importante identificar em que você é bom e o que se sente bem fazendo. Qual função você gosta de desempenhar? Quais áreas você conhece bem? Você é introvertido ou falante? Gosta mais de números ou de letras? É melhor em criar ou vender? Prefere cozinhar ou cantar? Dentro das inúmeras funções que existem, você certamente vai conseguir encontrar alguns espaços em que terá melhor performance para começar a empreender e ser feliz. Quando a gente faz o que sabe e tem facilidade, as coisas fluem muito melhor e mais depressa.

---

39 USAIN Bolt. **Olympics**, [s. l., s. d.]. Disponível em: https://olympics.com/pt/atletas/usain-bolt#. Acesso em: 4 abr. 2022.

40 "TODO MUNDO é um gênio...". **Pensador**, 2005-2022. Disponível em: https://www.pensador.com/fraseODY4ODk3/. Acesso em: 24 abr. 2022.

"FAÇA AQUILO QUE VOCÊ AMA E NUNCA MAIS TERÁ QUE TRABALHAR NA VIDA"

Você provavelmente já ouviu a famosa expressão "Faça aquilo que ama e nunca mais terá que trabalhar na vida". Não pense que, ao decidir trabalhar com o que ama, seus problemas vão acabar e o mundo todo será feito de algodão-doce, pois trabalhar significa executar tudo aquilo que é necessário para se realizar algo, incluindo os momentos chatos e os divertidos. Tudo em um só pacote. Porém, quando você faz aquilo que ama, as partes de que você não gosta passam mais rápido e são mais toleradas porque você entende o propósito.

Um jogador profissional de futebol ama jogar bola, estar em campo, sentir o calor da torcida, mas provavelmente não gosta de acordar cedo todos os dias para levantar pesos, correr por dez quilômetros debaixo de sol ou chuva, controlar sua dieta de maneira rigorosa para não alterar seu peso e ter que seguir tudo o que o preparador físico manda. No entanto, ele aceita todo o pacote porque entende que são ações necessárias para ser um jogador profissional e conquistar destaque em seu trabalho.

Um cantor profissional talvez não goste das dezenas de exercícios de voz repetitivos que precisa fazer todas as manhãs, muito menos de ter de cuidar permanentemente da garganta para não pegar friagem, mas faz tudo isso com tranquilidade sabendo que, com as cordas vocais preservadas, vai cantar melhor.

Pense bem. Como é a vida de um cozinheiro profissional? Você acha que ele gosta de descascar alimentos? Amolar facas? Comprar gás? Pagar boletos e conversar com contadores? Muito provavelmente não. Ele gosta de cozinhar, misturar, provar, testar. Mesmo que lá na frente ele fique muito famoso e possa delegar algumas dessas tarefas que não lhe dão prazer, certamente surgirão outras incômodas para tomar-lhes o lugar, como entrevistas, receber convidados exigentes, negociar valores de aluguel de espaços, gerenciar vaidades do time e dos sócios e assim por diante. Sempre teremos uma grande parte das nossas tarefas do dia a dia enquadradas na categoria "desagradáveis", mas é justamente isso que nos possibilita realizar as partes que amamos.

Ao empreender, a mesma regra é válida. Se você está fazendo algo de que gosta, as funções mais repetitivas daquela atividade acabam tendo menos impacto negativo na sua vida, pois são parte de um todo que o agrada muito. Minha esposa e eu somos sócios nas empresas e ambos detestamos executar as tarefas burocráticas, como pagamentos e planilhas, mesmo assim paramos diversas vezes por semana para realizá-las.

Algumas vezes, é possível adaptar, ou até mesmo substituir, alguns trabalhos de que não gostamos por outros. Eu, por exemplo, não tenho paciência nem talento para criar apresentações de slides, é uma dor terrível para mim, passo horas olhando para a tela e testando coisas que nunca me deixam satisfeito. Isso é exatamente o que chamo de "trabalho", pois tenho zero prazer. O que eu gosto mesmo é de vender, me relacionar, apresentar, falar em público, tomar mil cafezinhos com clientes e parceiros.

Para resolver esse dilema, busquei desenvolver mais ainda minha habilidade de oratória. Assim, consigo obter o mesmo resultado com menos slides. Ou seja, busquei uma solução alternativa dentro das minhas capacidades. Mas, por outro lado, preciso ensaiar muito mais as minhas apresentações.

Para mim, a melhor compreensão dessa expressão tem a ver com outro conceito: o das 10 mil horas, escrito por Malcolm Gladwell.[41]

---

41 GLADWELL, M. **Fora de série – Outliers: descubra por que algumas pessoas têm sucesso e outras não.** Rio de Janeiro: Sextante, 2011.

Ao trabalhar em uma área que você ama e se sente confortável, você acaba estudando mais do que as outras pessoas, porque usa o seu tempo de diversão e descanso para se aprofundar. Não acredita? Eu trabalho com empreendedorismo e sou absolutamente apaixonado pela área. Logo, quase todo livro que me chama a atenção tem a ver com esse tema. Se estou de férias, leio livros sobre o assunto para descansar, se escuto uma conversa de canto de ouvido, já logo presto atenção. Consequentemente, eu acabo estudando muito mais horas sobre empreendedorismo do que uma pessoa que não tem essa paixão, mesmo que também trabalhe na área. Isso se transforma em grande vantagem competitiva para mim. No livro de Gladwell, o autor explica que se a pessoa trabalhar 10 mil horas em qualquer atividade, de maneira natural se tornará um grande expert no assunto.

Para valer a pena empreender, você definitivamente precisa estar em uma área de conforto, pois será responsável por executar uma grande quantidade de tarefas novas, desconhecidas e de que não gosta, ao mesmo tempo em que realiza dezenas de tarefas com as quais sente grande alegria e até prazer. Lembre-se de que no início você terá que fazer quase tudo sozinho, e a área que você escolher vai determinar em grande parte a sua "quantidade de trabalho" *versus* a sua "satisfação no trabalho". Avalie isso com carinho.

Em 2019, fui convidado a fazer uma palestra em Portugal para um grande grupo de profissionais da área de e-commerce, e me apeteceu confessar a todos, bem ali de cima do palco, que "**Eu não gosto de trabalhar!**".[42]

---

[42] PALESTRA Fabio Rodrigues – Tema: Eu não gosto de trabalhar – Livro: Na dúvida, não empreenda! 2019. Vídeo (22min 54s). Publicado pelo canal Fabio Rodrigues – Designers as a Service. Disponível em: https://www.youtube.com/watch?v=Om3gmdCeQu4. Acesso em: 4 abr. 2022.

Antes que me chamassem de doido, comecei a explicar qual era o meu conceito de trabalho: realizar (de maneira primorosa) todas aquelas tarefas chatas e difíceis que são obrigatórias na minha profissão (e que tomam até 90% do meu tempo), e só então ter espaço e oportunidades para eu poder realizar aquilo que de fato me dá prazer e satisfação (10%). Isso acontece em praticamente todas as carreiras.

Expliquei que resolvia isso seguindo duas regras que aprendi com a minha mãe e com a minha avó, respectivamente. A primeira é "vou fazer tudo muito devagar, porque estou com muita pressa", e isso significa que eu não posso me dar ao luxo de perder algum detalhe, errar alguma fórmula ou, até mesmo, mencionar algum dado não verificado e ser obrigado a refazer tudo. Se eu acertar de primeira, mesmo que faça devagar, será mais rápido do que precisar refazer duas ou três vezes a mesma tarefa.

A segunda é uma variação da primeira: "O preguiçoso trabalha dobrado". É claro que o preguiçoso vai deixar de cumprir algumas etapas importantes da jornada e verá seu trabalho ruir desnecessariamente. É como aquela criança que se recusa a pegar um prato para colocar embaixo do sanduíche e, depois, é obrigada a limpar os farelos de pão que caíram em cima do sofá.

Quando você conseguir identificar em que você é bom e o que você realmente gosta de fazer, suas chances de sucesso aumentarão muito.

FABIO RODRIGUES – EMPREENDA AGORA!

TRANSFORME SUA ÁREA DE CONFORTO EM VANTAGEM COMPETITIVA

A partir de agora, vamos começar a buscar a **sua** primeira oportunidade de negócio, e vou facilitar esse processo utilizando vários exemplos para inspirar você. Enquanto estiver lendo as histórias a seguir, por favor comece a imaginar a sua própria vida também.

CASO DA TIA PAULA, PROFESSORA APOSENTADA

Minha esposa tem uma tia chamada Paula, professora recém-aposentada, com 60 anos e nenhuma intenção declarada em estabelecer uma segunda carreira. Muito menos em empreender.

Ela é um doce, bastante conhecida entre os amigos e familiares por ser muito gentil e educada, excelente professora, ótima cozinheira, mãe e avó, e também por ter "um jeito especial" para decorar ambientes e mesas de festas para receber a família e os amigos. Tudo o que ela fazia era sempre muito bonito, de bom gosto e de alta qualidade.

Tia Paula era boa em várias coisas, mas se fossemos estabelecer as principais áreas de conforto dela, teríamos o seguinte resumo:

- **Educação:** Após trabalhar por décadas como professora, ela conhecia muito bem o ambiente escolar, os perfis de alunos, professores, sistemas de ensino, falhas, refeitórios, materiais didáticos, metodologias e necessidades dos pais, por exemplo.

- **Decoração:** Trinta anos colecionando e estudando tudo o que encontrava sobre o tema lhe proporcionaram um lugar de conforto para falar sobre equipamentos, quantidades, o que funciona ou não, disposição de itens, quantidade de pessoas por mesas, tipos de talheres e louças para cada evento, seleção de peças por comida entre muitos outros temas.

- **Criação de filhos e netos:** Mãe de duas mulheres que lhe deram três netas, tornou-se também profunda conhecedora de vários assuntos relacionados à maternidade, criação de filhas e manutenção da estrutura familiar. Sabia lidar com alimentação, serviços de mesa, mamadeiras, chupetas, saúde infantil, roupas, festinhas, ansiedades, funcionários e mais um monte de atitudes práticas do dia a dia.

- **Dona de casa e cozinheira:** Assim como muitas mulheres, também fazia jornada dupla de trabalhadora assalariada e trabalhadora dona de casa, e adquiriu diversos conhecimentos sobre a gestão do lar. Aprendeu a cozinhar pratos rápidos, pratos especiais, zelar pela manutenção da casa, administrar estoque de alimentos, contratar funcionários e fazer a gestão financeira familiar, por exemplo.

- **Costureira:** Muito embora nunca tenha exercido essa atividade em larga escala, tampouco profissionalmente, costurava muito bem e sabia montar suas próprias peças, além de reformar roupas para si e para as filhas, netas e marido. Sabia criar, reformar e consertar.

Com essas informações em mãos e um pouco de estratégia, somos agora capazes de repetir o exercício que fizemos no caso da jovem de 19 anos que discutimos anteriormente e direcionar nosso raciocínio ao objetivo deste livro, que é identificar uma lista com mais de quinze ideias de negócios de relativa simplicidade que possibilitassem a Tia Paula iniciar uma atividade empresarial de sucesso. Vamos tentar?

Na área de Educação

1. Aulas de reforço em matérias;
2. Montagem de cargas horárias e planos de aulas para escolas e professores;
3. Aulas de reforço pedagógico e metodologias de ensino.

Na área de Decoração

4. Serviço de decoração de festas;
5. Serviço de buffet e comida para festas;
6. Serviço de aluguel de equipamento de festas.

Na área de Criação de Filhas e Netas

7. Serviço de babá e cuidadora de crianças;
8. Curso básico para pais de "primeira viagem";
9. Mentoria e aconselhamento para mães e avós.

Na área de Dona de Casa e Cozinheira

10. Curso de receitas rápidas, "prontas em 15 minutos";
11. Curso de culinária básica para jovens;
12. Preparação e venda de comidas congeladas.

Na área de Costureira

13. Conserto e reforma de roupas;
14. Renovação de peças exclusivas de brechós;
15. Curso de costura para jovens e aprendizes.

Quantas atividades a mais você ainda consegue imaginar?

A história a seguir é real: como obra do acaso, uma querida amiga da família se preparava para realizar o casamento da filha e não conseguia encontrar um serviço de cerimonial que lhe atendesse, nem por data, nem por preço. Lembrou-se da Tia Paula e perguntou-lhe, carinhosamente, quase como uma última alternativa, se ela estaria interessada em preparar o pequeno salão para a recepção do evento. A tarefa seria remunerada, é claro. Mais do que um trabalho, era quase um favor que ela faria à amiga e sua filha, a quem conhecia desde o nascimento. Após considerar brevemente o pedido com sua própria família, decidiu aceitar aquele desafio que seria, ao mesmo tempo, uma responsabilidade e uma diversão.

Ao longo de mais de trinta anos, Tia Paula comprou, ganhou e colecionou várias peças de decoração, buffet e serviços de mesa, além de ler e guardar muitas revistas com ideias e exemplos de ambientes já montados. Cada vez que preparava um salão para uma festa de aniversário ou Natal, exercia sua paixão e hobby deslumbrando todos os familiares e amigos com seu bom gosto e elegância. Tia Paula era uma verdadeira especialista no assunto, mas nunca havia percebido isso.

O salão do casamento ficou tão bonito e impecável que alguns novos pedidos de eventos surgiram durante a própria festa. E, assim, de maneira natural, começava ali uma empresa que funcionou por quase duas décadas com muito sucesso, realizando eventos cada vez maiores e melhores, e gerando uma renda incrível para ela e para a família.

Trago esse exemplo para uma reflexão simples e altamente replicável: assim como a Tia Paula, você também possui algumas áreas de conforto e competência que são suficientes para abrir seu primeiro negócio. Desde que respeite sua condição no momento e não tente criar algo complexo ou difícil demais.

A sua "área de conforto" é, simplesmente, aquela atividade ou setor que você já conhece muito bem, sobre a qual pode conversar ou discutir com qualquer pessoa de igual para igual, entendendo o que está certo ou errado, avaliando ideias, discordando, agregando ou simplesmente se divertindo.

Vamos a outro exemplo que talvez seja mais próximo do seu dia a dia. O mais importante e o que eu quero que você perceba é a lógica, para que consiga identificar suas próprias áreas de conforto e, a partir daí, encontrar negócios possíveis para iniciar rapidamente, dentro da sua realidade.

CASO DO ALEXANDRE, 42 ANOS, EXECUTIVO

Alexandre é meu amigo, tem 42 anos e é gerente sênior em uma grande empresa de software de gestão. É também grande torcedor do Santos Futebol Clube, praticante de artes marciais desde a infância e notoriamente conhecido entre seus familiares e amigos como um bom churrasqueiro. Alexandre possui algum dinheiro guardado, mas não o suficiente para arriscar sem planejamento.

Quais são as principais áreas de conforto do Alexandre?

- **Mundo Corporativo:** Há vinte anos trabalha como funcionário de médias e grandes empresas, tem bastante conhecimento em planilhas e gestão de números, possui muitos contatos e conhecidos na área, é ótimo treinando equipes e comandando reuniões e encontros, prepara múltiplos materiais de vendas e apresentação e possui proficiência em estratégias de vendas.
- **Mundo Esportivo:** Seja como competidor de artes marciais ou como torcedor apaixonado pelo grande Santos Futebol

Clube, Alexandre já passou milhares de horas de sua vida em estádios e ginásios, visitou diversas cidades e assistiu a um número incontável de eventos esportivos pela televisão ou pessoalmente. Conhece muito bem tudo o que representa a emoção, as dificuldades e os atalhos para estar presencialmente nos eventos e como extrair a melhor experiência deles.

- **Churrascos:** É um churrasqueiro de mão-cheia, sempre elogiado por todos em cada evento dominical que organiza, sempre à base de futebol, carne e pagode. Tem excelente acesso ao clube que fica bem à frente de sua casa e a outros bares e restaurantes da região. Conhece sobre carnes, facas, acompanhamentos, instrumentos e preparos.

Novamente, apenas com esse conjunto de informações sobre as áreas de conforto de Alexandre já somos capazes de criar uma lista de várias atividades empresariais que ele poderia organizar e começar a executar amanhã mesmo. Vamos exercitar?

Na área Mundo Corporativo

1. Preparar e vender planilhas de controle de vendas, orçamentos e gestão;
2. Criar e executar treinamentos de vendas para grupos de pequenas e médias empresas;
3. Preparar estratégias de vendas via marketing digital para pequenas e médias empresas;
4. Criar um serviço de compras coletivas para pequenas empresas adquirirem produtos de grandes fornecedores;
5. Representar um produto ou serviço de interesse da lista de contatos dele.

Na área Mundo Esportivo

6. Organizar eventos de confraternização e *networking*, focado em pequenos empresários, dentro de camarotes de estádios de futebol ou centros de atividades esportivas;

7. Organizar grupos de viagens para empresários e seus clientes acompanharem seus times de futebol com segurança e conforto (providenciando hotel, passagens e camarote, por exemplo);

8. Criar um serviço de venda de ingressos e experiências VIP para empresários e seus clientes, com acesso a jogadores e lutadores, a centros de treinamento, ginásios e eventos exclusivos;

9. Criar um serviço de vendas e entrega de material esportivo especializado para atletas profissionais de artes marciais em treinos ou competições.

Na área Churrasco

10. Durante os fins de semana, assar e vender frangos em frente à sua casa usando uma churrasqueira improvisada;

11. Alugar o espaço do clube uma vez por semana para criar um grande evento de churrasco e pagode;

12. Criar um curso de churrasqueiro para ensinar a todos aqueles que ainda não conhecem os segredos básicos da carne;

13. Criar um serviço de amolação de facas profissional para restaurantes vizinhos.

Perceba que todas as ideias que listei anteriormente são ligadas a algum tipo de conhecimento específico que o Alexandre já possui e, mesmo assim, são apenas algumas das dezenas de opções que poderíamos criar. É possível, ainda, combinar dois ou três de seus conhecimentos específicos para criar uma ideia ainda mais interessante, como organizar uma viagem para empresários assistirem a um jogo e incluir um evento gastronômico no roteiro.

Você consegue pensar em mais ideias de negócios para o Alexandre? Tenho certeza que sim.

Levando esses cenários em consideração, os dois únicos erros que a Tia Paula, o Alexandre, ou mesmo **você** não podem cometer em suas primeiras tentativas são:

- Abrir um negócio fora da área de conforto;
- Abrir um negócio complexo demais para sua capacidade atual.

E os passos você já sabe quais são:

- Listar tudo aquilo que você conheça bem;
- Definir suas áreas de conforto;
- Encontrar ideias dentro de cada uma das áreas de conforto;
- Estabelecer qual delas é a mais viável com as condições que você tem hoje.

É possível, ainda, combinar dois ou três de seus conhecimentos específicos para criar uma ideia ainda mais interessante.

FABIO RODRIGUES – EMPREENDA AGORA!

FAZENDO ACONTECER

EM QUE VOCÊ É BOM OU BOA?

Chegou o grande momento! Esta é a parte mais importante do livro e da sua vida empreendedora a partir de agora.

No passo 1 desta etapa, vamos dar a partida e anotar tudo aquilo que você já conhece muito bem e, então, aplicar o método correto para identificar as suas principais áreas de conforto. A seguir, você vai encontrar as principais categorias em que pode se inspirar para avaliar sua vida. São elas:

- **Suas profissões:** Quais tipos de trabalhos você já fez? Quais carreiras teve e em que áreas profissionais é capaz de discutir perfeitamente sobre o assunto com qualquer pessoa? Quais são as áreas em que você conhece os jargões, as dificuldades, as piadas internas, os entraves, os valores, os principais fatos, as pessoas consideradas ícones da profissão, em que possui amigos e conhecidos que ainda trabalham no segmento, conseguiria contatos de clientes parceiros e possíveis fornecedores.

- **Seus hobbies:** Que interesses o acompanham há bastante tempo e dos quais você conhece detalhes como preços, dificuldades, fornecedores, artigos raros, artigos sem reputação e assim por diante? Nesse grupo, entram as ações como cozinhar, costurar, tocar instrumentos musicais, consertar carros antigos, frequentar bares, ler livros, escrever artigos, fazer mapa astral, criar itens de decoração, fazer *scrapbook*, preparar encontros e festas da família ou do trabalho, e ainda tudo aquilo que você executa frequentemente como um passatempo e faz bem.

- **Suas paixões:** Assuntos que você acompanha com entusiasmo e procura absorver qualquer informação, mesmo durante as férias, fins de semana e feriados. São temas sobre os quais você lê e assiste conteúdos relacionados, inclusive como forma de descansar a cabeça e se refugiar num mundo à parte. Por exemplo: qual é o tema daquela revista que você compra no aeroporto ou na rodoviária, ou daquela série que você procura em qualquer canal? É sobre moda, mecânica, corridas de carro, carros antigos, construção, decoração, relógios, bicicletas, arranjos florais, corte e costura, cozinha, jardinagem, escultura, educação, idiomas, violão, canto, gestão de empresas, empreendedorismo? Qual é o assunto que lhe dá prazer, enche seu coração e que você consome mais que todos os seus amigos?

- **Seus elogios:** Quais são aquelas atividades ou assuntos pelos quais você sempre recebe elogios? É pelo seu brigadeiro, pelo seu churrasco, pela sua feijoada? Ou pelo seu bom gosto com arranjos? O jeito como você se comporta perante as dificuldades, seus conselhos, as suas invenções, a sua criatividade, seu comprometimento? A maneira como você joga futebol, sua habilidade em dirigir, a sua forma de falar em público ou os textos que escreve? O seu jeito de cantar ou o esporte que pratica? Sua organização, trabalho manual ou a maneira como trata e cuida das suas plantas?

- **Outros campos de destaque:** Aqui vale qualquer outro item que não esteja nas outras categorias, mas em que você seja muito bom.

AGORA É A SUA VEZ!

Usando as inspirações anteriores, chegou a sua vez de fazer o mesmo exercício.

Escreva a seguir as suas várias áreas de conhecimento e destaque. O exercício é aberto e não há críticas, anote tudo aquilo que você acredita que conhece muito bem, não importa se são duzentas atividades ou apenas uma.

Profissões que domino: _____

_____

Meus hobbies: _____

_____

Minhas paixões: _____

_____

Recebo elogios por: _____

_____

_____

Outros campos de destaque: _____

_____

_____

SEPARANDO AS SUAS ÁREAS DE CONFORTO

Agora vamos ao passo 2, que funcionará, basicamente, como um exercício de filtragem da lista anterior. Você deve agrupar seus conhecimentos em áreas de conforto.

Dentre tudo o que você listou, quais são aquelas áreas que você realmente domina? Aquelas em que eu poderia pedir a você para me contar uma boa história agora mesmo e ouvir vários detalhes.

E mais importante: se eu preguntar sobre elementos extras você saberia continuar a conversa e ainda aprofundar o tema? Se eu falar alguma besteira, você será capaz de me corrigir e completar os pontos faltantes? Veja alguns exemplos:

- **Área de conforto 1:** Trabalhei como contador por cinco anos, conheço as regras tributárias, as leis, todos os aspectos dos pagamentos de tributos e datas. Conheço os meses em que os clientes apresentam maiores dificuldades financeiras, alguns atalhos para pagar menos impostos, algumas maneiras de postergar um pagamento sem sofrer multas e os principais riscos.

- **Área de conforto 2:** Trabalhei como gerente de lojas no shopping por vários anos e conheço as dificuldades de transporte, alimentação e pausas, conheço as escalas e as paradas para fumar um cigarro ou ir ao banheiro, conheço as principais dificuldades para se fechar uma venda, sei responder às objeções dos clientes, entendo sobre como preparar uma vitrine, sei como motivar o time que atende na primeira hora da manhã, quais as formas de pagamento e dificuldades na utilização dos principais sistemas de gestão das vendas.

- **Área de conforto 3:** Entendo muito de coleção de revistas em quadrinhos, sou colecionador desde criança, sei quais são os exemplares mais conhecidos, os mais difíceis de se encontrar, os mais raros. Conheço vários locais de troca e vendas de revistas, conheço as principais lojas e vários dos atendentes, frequento grupos de trocas em canais de discussão, sei o valor atualizado das principais revistinhas e o que leva uma pessoa apaixonada a pagar milhares por um único exemplar. Consigo identificar uma revista falsificada e avaliar o prejuízo por algum dano como páginas amassadas ou rasgadas.

- **Área de conforto 4:** Organizo todos os eventos da minha família e dos amigos. Sempre que alguma festa precisa ser planejada, eu sou a pessoa que toma a liderança da organização e começa a fazer as listas de atividades. Estou acostumado a ligar para os fornecedores, buscar orçamentos, criar temas, perguntar opiniões e encontrar soluções para as dificuldades ou indecisões. Sejam dentro de casa ou de uma empresa, sou a pessoa que sempre ajuda a fazer com que o evento aconteça. Assumo como minha responsabilidade a execução de várias partes e acabo coordenando antes e durante o dia do evento.

Vamos colocar a mão na massa. Seguindo os exemplos anteriores, consegue escolher e descrever as suas principais áreas de conforto?

Área de conforto 1: _____

_____

_____

_____

Área de conforto 2: _____

_____

_____

_____

Área de conforto 3: _____

_____

_____

_____

Área de conforto 4: _____

_____

_____

_____

TORÓ DE IDEIAS (Brainstorming)

Chegamos ao passo 3. Nesta parte, vamos buscar variadas oportunidades de negócios dentro das suas áreas de conforto. Para isso, utilizaremos uma técnica bastante conhecida no universo da criatividade, chamada Brainstorming, que pode ser livremente traduzida como "toró de ideias". Trata-se de um processo bastante eficiente que auxilia grupos ou indivíduos a proporem ideias e soluções para problemas que parecem travados. As regras são muito simples e a dinâmica funciona da mesma maneira se você fizer o exercício sozinho ou em grupo:

- **Definição do tema:** É preciso estabelecer com clareza qual é a resposta que você está buscando. Por exemplo: "estou buscando um nome para a escola que pretendo abrir"; "estou buscando uma maneira mais eficiente de produzir camisetas"; "estou procurando uma forma de conseguir dinheiro para organizar viagens de férias para grupos ou para custear a produção da minha logomarca"; "estou buscando uma ideia de negócio para começar uma empresa"; "estou procurando uma maneira de entregar produtos com mais rapidez", e assim por diante.

- **A parte criativa:** Definir um tempo limite (recomendo que seja entre dez e quinze minutos) para que você ou as pessoas do grupo deixem a mente voar e sugerir todas as ideias que surgirem. Nessa fase não há censura, avaliação ou limites. Tudo é possível. Qualquer ideia que surgir dentro do contexto estabelecido deve ser anotada. Durante esse tempo, **não** é permitido julgar, criticar, rir ou fazer qualquer comentário depreciativo sobre as ideias oferecidas. A intenção é realmente criar com liberdade.

- **A parte da análise:** Depois das etapas de criação, agora é hora de analisar. Sem criticar ou fazer piadas com as ideias colocadas no quadro ou no papel, inicia-se o processo de separação das ideias possíveis daquelas que devem ser abandonadas ou reservadas para uma próxima análise.

- **A lista final:** Para concluir, finalmente, estabeleça uma lista final com algumas soluções que pareçam verdadeiramente boas e factíveis para aquele determinado problema. Essas ideias são aquelas que devem ser estudadas de maneira mais detalhada e profunda.

Após esse processo, caso você ainda não tenha encontrado uma solução que agrade e que resolva o problema em questão, você pode começar um novo ciclo de brainstorming, convidar mais pessoas ou, até mesmo, alterar a pergunta original.

É exatamente isso que eu espero que você faça a partir de agora: para cada área de conforto que você escolheu antes, faça um brainstorming e crie uma lista de ideias de primeiros negócios que você poderia abrir. Se precisar de inspiração, leia de novo as ideias que eu criei nos casos da Jovem de 19 anos, da Tia Paula e do Alexandre.

Mais um exemplo:

Vamos supor que você tenha escolhido a área de conforto 4: organização de festas e eventos. Já imaginou quais negócios você poderia abrir?

Em um brainstorming de dez minutos, cheguei às seguintes ideias:

- Reservar um espaço dentro de um clube e convidar amigos de uma banda para tocar aos domingos, dividindo uma parte da receita com eles;

- Dentro desse evento, vender comidas e bebidas em parceria com o restaurante do próprio clube, recebendo uma parte da venda. A partir do segundo evento, tentar conseguir outro fornecedor mais barato ou até mesmo um patrocínio;

- Representar essa banda em contratos com outros bares e eventos da cidade, cobrando um cachê pela apresentação e recebendo uma parte como comissão pela indicação;

- Organizar grupos para comprar espaços em camarotes VIP de eventos, ganhando uma comissão do promotor (jogos, festas ou danceterias, por exemplo) e, ainda, organizar o transporte e a alimentação do grupo (sempre ganhando comissão das partes);

- Oferecer serviços de maneira combinada, ou seja, buscar locais de eventos que precisam de clientes (kartódromos, discotecas, campos de futebol etc.) e buscar empresas ou grupos de amigos que queiram se divertir nesses locais. Dessa maneira, é possível satisfazer dois desejos de uma só vez. Contratar o espaço por um valor mais baixo que o normal e vender um evento para a empresa com serviços adicionais (transporte dos funcionários, fornecimento de comidas e bebidas, atrações especiais e brindes, por exemplo);

- Organizar eventos privados para outras famílias, como festas de aniversário, bodas, celebrações, jantares e batizados;

- Conversar com promotores de eventos locais, compreender quais são suas maiores dificuldades e buscar oportunidades para ajudá--los a resolvê-las. Por exemplo, serviços de logística e entrega de produtos, serviços de montagem e desmontagem de palcos, criação de cenários, serviços de revenda de ingressos e qualquer outra dor que eles demonstrem ter;

- Criar um serviço de limpeza especializado em pós-eventos. Essa é sempre uma grande demanda dos promotores.

Todas as ideias que trouxe agora surgiram em apenas dez minutos de brainstorming, justamente porque a área de eventos é uma das minhas áreas de conforto, mas agora que o processo está mais claro, é com **você**!

Para cada área de conforto que você definiu no início deste capítulo, liste as várias ideias de negócio possíveis:

1. Que negócios eu posso abrir agora dentro da profissão que domino?

_____

_____

2. Que negócios eu posso abrir agora dentro do hobby _____ **que pratico?**

_____

3. Que negócios eu posso abrir agora dentro da paixão por _____ **que tenho?**

_____

_____

4. Que negócios eu posso abrir agora com base nos elogios que sempre recebo por _____**?**

_____

_____

MÃO NA MASSA

Agora que o seu processo criativo e de análise já está em ordem, vamos ao passo 4, o mais importante de todos: começar!

Mas não se esqueça que, para isso, você precisa **respeitar a sua condição atual de conhecimento, dinheiro, tempo e disposição de recursos.**

É possível que você tenha escolhido duas ou mais ideias favoritas e, com certeza, já começou a avaliar o que vai precisar para começar suas operações. Seja verdadeiro consigo mesmo. Não é hora de ser herói. É o momento de avaliar com critério e segurança tudo aquilo de que você precisa para colocar a ideia em prática. É também o momento de reconhecer aquilo que ainda lhe falta para ser capaz de executar essa ideia da melhor maneira possível.

Imagine alguém que queira abrir um negócio novo, mas trabalha cinco dias por semana em um emprego que paga as contas. Como fazer para largar esse emprego? A resposta é simples: não largar. Antes disso, será preciso identificar uma ideia possível de execução trabalhando apenas à noite ou aos fins de semana. Lembre-se: não fique nervoso, essa é apenas a sua primeira tentativa. Aquela que você vai usar para testar a ideia e aprender a empreender. Não se jogue de cabeça, nem invista tudo o que possui como se não houvesse amanhã. Teste, valide, erre, mude, teste de novo, evolua, repita, siga em frente.

Reflita: quanto dinheiro você tem disponível? Quantas horas por dia você pode dedicar? Você trabalha a semana toda? Você é casado(a) e seu(sua) parceiro(a) o apoia? Você tem filhos pequenos? Você está sempre muito cansado(a)? Você não sabe nada sobre planilhas ou cálculo de preços e margens? Quais são os aspectos ou competências específicas do seu negócio que você ainda precisa desenvolver ou até mesmo aprender? Que apoios você pode procurar? Tenha em mente que algumas condições você consegue resolver estudando e se preparando, outras nem tanto. Todas as pessoas possuem uma ou várias limitações e precisam ter consciência do que vão enfrentar antes de abrir o primeiro empreendimento.

Há pessoas com dois filhos pequenos que ainda cuidam da casa, o que podem fazer nessa situação? Talvez tentar um negócio que ocupe apenas uma parte do dia ou desenvolver uma rotina para aquele horário em que possam se concentrar por uma hora, mesmo que estejam cansadas e, a partir dessa experiência, evoluir.

Se você conta com um bom período de tempo à sua disposição e também com uma boa quantidade de dinheiro, ótimo. Poderá acelerar o seu aprendizado. No entanto, tenha sempre em mente que o primeiro negócio não serve para entrar com tudo o que você tem disponível (em especial todo o seu dinheiro). O primeiro negócio serve para aprender a empreender e, inevitavelmente, cometer os primeiros erros ao longo do caminho, aqueles mais básicos que todos cometem e que falamos no início do livro. É um teste. A partir de então você começará a se sentir mais seguro, confortável e poderá investir cada vez mais tempo e mais dinheiro nessa nova fase.

Uma observação importante: **você não deve confundir o fato de começar pequeno com falta de garra!** Todo o comprometimento e a determinação que você colocaria em um projeto grande, coloque também no projeto pequeno, você se surpreenderá com o resultado. Imagine usar toda a sua força na tentativa de empurrar um caminhão, não vai adiantar nada, certo? Mas imagine colocar essa mesma força para empurrar uma bicicleta. Você vai conseguir ir muito mais longe e muito mais rápido, não é mesmo?

Nunca comece com um projeto complexo demais. Você precisa ser capaz de iniciar a operação rapidamente, usando o mínimo de investimento possível e com a menor necessidade de autorizações e dependências. Se o seu processo depende de itens muito caros, como programadores, e você mesmo não sabe programar, comece com outra ideia. Se depende de muitas autorizações, como um processo de importação ou alguma autorização sanitária, e você não sabe requisitar tudo sozinho, comece com outro projeto. Limite-se às suas competências e vá crescendo com o seu negócio.

IDENTIFICANDO SEUS PONTOS FRACOS E SUAS OPORTUNIDADES

Você sabe qual a diferença entre um acidente e um erro? A diferença está no seu preparo para lidar com aquela situação. Digamos que você saiba dirigir um carro e esteja habilitado, sóbrio e saudável. Pega o veículo e sai pela rua tranquilamente. De repente, aparece um outro carro que bate em você: isso é um acidente. Por outro lado, se por acaso você tomou a decisão de dirigir a 160 km/h, isso não foi um acidente, foi um erro. Você extrapolou o seu limite de competência, arriscou demais e se colocou à disposição do problema. Erro é tudo aquilo que a gente executa quando acredita que tem condições, mas, na verdade, não tem. A culpa é nossa.

É importante que você respeite as suas condições e limitações atuais para que comece algo para o qual já esteja realmente preparado e possa realizar bem, e com consistência, por no mínimo seis meses ou um ano. Esse é o período mínimo necessário para que você consiga avaliar, corrigir e redirecionar seus próximos passos. Essa é a melhor maneira.

Vamos a mais exemplos que podem sempre o inspirar:

Exemplo 1: Assar e vender carnes (churrasco) na frente da sua casa aos fins de semana

Quais são os itens ou atitudes que você precisa providenciar para poder começar já no próximo fim de semana?

- Começar apenas com um item, por exemplo, frango assado, porque é mais simples e barato;
- Comprar ou montar uma churrasqueira móvel e preparar todos os itens necessários para a execução (mesa de apoio, isopor, carvão, facas e utensílios de preparo, embalagens descartáveis, sacos de lixo e sacolas de transporte para os clientes, por exemplo);
- Comprar, limpar, temperar e armazenar os frangos de maneira segura e antecipada para poder assar logo cedo no fim de semana;
- Calcular todos os custos do processo, incluindo gasolina, transporte, ajudante, insumos, embalagens etc.;
- Definir o preço de venda de cada frango e como vender (cortado, inteiro, metade, espetos de coxas, sobrecoxas ou asinhas, por exemplo);
- Definir o local de preparo e venda estando seguro, protegido de sol, vento, animais ou comerciantes locais, por exemplo;
- Criar uma placa escrito "Frango Assado" já com o valor;
- Começar.

Se forem itens muito difíceis, simplifique ainda mais.

Quando surgirem os problemas, resolva-os e aprenda com eles.

Exemplo 2: Fazer cortes de cabelo na casa de clientes

Quais são os itens ou atitudes que você precisa providenciar para poder começar amanhã?

- Identificar alguns clientes ou amigos com o interesse nesse tipo de serviço;
- Definir e preparar antecipadamente todos os materiais necessários para esse trabalho (tesouras, escovas, cremes, máquinas, aventais e insumos, por exemplo);
- Calcular todos os custos envolvidos nesse serviço, incluindo insumos, transporte, telefone celular, comida;
- Definir o valor que será cobrado por serviço e informar antecipadamente aos clientes de maneira clara, preferencialmente por escrito, e antes de iniciar o trabalho;
- Planejar a rota do dia de acordo com a localização dos clientes, para não perder tempo no trânsito;
- Tirar fotos (com permissão) do "antes e depois" para criar a sua página de vendas nas redes sociais.

Se alguma destas tarefas parecer muito difícil, simplifique. Cada problema que surge e que você é capaz de resolver faz com que você aprenda e evolua.

Exemplo 3: Aulas particulares (de música, matemática, vendas entre outros)

Quais são os itens ou atitudes que você precisa providenciar para poder começar a dar aulas amanhã?

- Identificar clientes ou amigos com interesse no serviço;
- Fazer um programa de aulas de acordo com o tamanho do conteúdo;
- Estabelecer os limites de cada aula (hora, quantidade de matéria, tópico ou tema, por exemplo);
- Criar as aulas e ensaiar diversas vezes a execução do conteúdo de maneira programada, deixando tempo para dúvidas;

- Preparar antecipadamente todo o material necessário para a aplicação, seja presencial ou on-line;
- Testar todos os materiais e o método antes de efetivamente começar a ministrar as aulas;
- Avaliar todos os custos que você terá por aula: material, internet, deslocamento, assinatura de plataforma de transmissão (como Zoom ou Google Meet, por exemplo), ferramentas de apoio, gasolina, telefone celular etc.;
- Estudar o valor cobrado por outros profissionais do mercado para o mesmo grupo de alunos, matéria e tipo de aula;
- Acompanhar o desempenho dos seus alunos e divulgar trechos das suas aulas ou depoimentos (com permissão) em suas redes sociais.

EVOLUINDO EM SUA PRIMEIRA IDEIA

Considerando todos os itens que você listou no passo 3, escreva a seguir as duas ideias que você classificou como primeiras opções. A partir delas, relacione todos os itens, atitudes e problemas que você precisa resolver para poder começar "amanhã".

Ideia 1: _____

1. _____
2. _____
3. _____
4. _____
5. _____
6. _____

EMPREENDA AGORA!

7. _____

8. _____

9. _____

10. _____

Ideia 2: _____

1. _____

2. _____

3. _____

4. _____

5. _____

6. _____

7. _____

8. _____

9. _____

10. _____

150

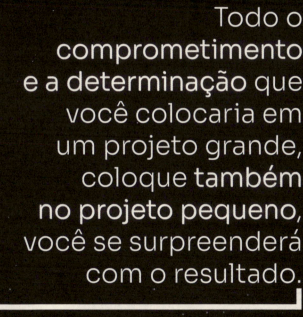

Todo o comprometimento e a determinação que você colocaria em um projeto grande, coloque também no projeto pequeno, você se surpreenderá com o resultado.

FABIO RODRIGUES – EMPREENDA AGORA!

VALIDANDO A SUA IDEIA

A sua ideia é tão boa quanto a disposição das pessoas que você conhece em pagar por ela. Tão importante quanto identificar suas ideias e listar cada passo que consiga prever, é testar na prática o funcionamento delas. Você precisa descobrir de maneira rápida se a sua ideia é mesmo viável e se trará bons frutos. E existe apenas uma maneira de descobrir isso: testando.

Esse processo chama-se **validação** e é essencial para o lançamento de qualquer negócio, especialmente o primeiro. Não adianta ficar preso a uma "ideia brilhante" sem testá-la no mundo real, pois há uma grande probabilidade de que ela ainda esteja incompleta, errada ou seja difícil demais para você lançar como sua primeira iniciativa.

Se você tem absoluta certeza de que a sua primeira ideia é espetacular, impressionante e maravilhosa, meu principal conselho é que a escreva detalhadamente em um papel e guarde muito bem guardada. A partir daí, comece sua vida empresarial com apenas uma parte dela ou mesmo com a sua segunda melhor ideia. Aprenda a empreender e cometa todos os erros normais que quase todos os iniciantes cometem, mesmo que ainda em pequena escala. Entenda as regras do seu mercado, saiba viver sem salário, sem rotina, aprenda a contratar e a demitir, informe-se sobre as leis e sobre todo assunto relevante ao dia a dia de um empreendedor. Só então, quando já não for mais um iniciante, tire sua ideia fabulosa da gaveta e parta com tudo.

Imagine que na minha primeira tentativa eu tivesse identificado uma oportunidade maravilhosa de abrir uma loja de acessórios para celular. Um ponto comercial maravilhoso que surgiu, de repente, e que um amigo me ofereceu como se fosse uma grande oportunidade. Como você já sabe, sou mesmo do ramo de celulares, tenho mais de vinte anos de experiência nessa indústria, mas nunca vendi acessórios, e jamais para indivíduos, sempre para grandes empresas. Além disso, eu também nunca comprei um ponto comercial, nunca fiz um contrato de aluguel para lojas (que é cheio de obrigações), nunca contratei funcionários para trabalhar em dois turnos, não conheço fornecedores de acessórios, preços, prazos e pormenores. Não estudei corretamente o fluxo de clientes que passam em frente àquela loja, não conheço as leis trabalhistas e tributárias dessa área, não sei calcular as margens de cada um dos acessórios, não sei quais são os itens mais procurados ou aqueles que costumam apresentar defeitos mais rapidamente. Deu para sentir o tamanho do meu desafio e a complexidade que seria colocar em operação essa suposta "ideia brilhante"?

Minha experiência de vinte anos em telefonia é focada em vendas corporativas. Eu sei bem como vender para grandes empresas. Conheço contratos e artimanhas, tenho amigos em diversas áreas, conheço muitos compradores, sou reconhecido como uma pessoa leal e boa para fazer negócios. Logo, se minha intenção for começar meu primeiro negócio nessa indústria, eu deveria buscar algo no formato de vendas para empresas e não para pessoas. Meu maior conhecimento é no Modelo de Negócios e não nos aparelhos celulares em si.

No meu caso, a melhor ideia seria buscar um fornecedor de acessórios de médio ou grande porte e me oferecer para criar uma área de vendas corporativas para ele, ou até mesmo desenvolver esse mercado em algum lugar em que eles ainda não atuassem, funcionando como um representante comercial. Aí sim, eu poderia aplicar diversos dos meus conhecimentos existentes e aproveitar a minha rede de *networking* para me desenvolver nesse mercado e aprender as novidades sobre empreender.

Meu primeiro passo para validar essa ideia seria identificar alguns fornecedores, fazer um pequeno acordo prévio de representação e marcar reuniões com os meus conhecidos na indústria para apresentar os produtos desses fornecedores, verificar preços, margens, prazos, assistência técnica, logística de entrega, reputação de marca, histórico e o que mais eu pudesse, **antes** de fechar um contrato real ou sequer investir dinheiro nisso.

Quando somos iniciantes em alguma área, é muito comum termos "certezas" de quase tudo. Se você pensar bem, essa é uma característica humana, e agimos assim no dia a dia quando, por exemplo, criticamos um jogador profissional que erra um chute ou um técnico que "obviamente" fez uma substituição equivocada. Somos capazes de criticar um piloto de Fórmula 1, vice-campeão do mundo, porque perdeu uma ultrapassagem, ou dizer que um cantor espetacular "claramente" escolheu uma música errada para se apresentar na maior competição do mundo. É da nossa natureza emitir diversas opiniões – que julgamos corretas – sobre assuntos que desconhecemos justamente porque nada entendemos. Por outro lado, a nossa humildade começa a aparecer quando começamos a praticar e aprender sobre um determinado assunto e, rapidamente, percebemos o quanto ainda temos a estudar, evoluir e aprender.

Isso posto, vamos agora procurar mais informações sobre a sua escolha!

COMECE PELO PROBLEMA E NÃO PELA SOLUÇÃO

Sem compartilhar sua ideia, comece a indagar com seus amigos e parentes se o determinado problema que você identificou também os incomoda. Caso as respostas sejam positivas, pergunte que tipo de solução eles gostariam que existisse para esse problema. Será que mais pessoas ou empresas sentem esta mesma dificuldade que você sentiu? Será que a solução que eles sugeriram é tão boa ou até melhor do que a que você pensou?

Em seguida, pesquise sobre esse problema e tente encontrar possíveis soluções que já estejam disponíveis para resolvê-lo. Será que a sua ideia já foi pensada e executada por alguém em algum lugar? A internet é uma ferramenta maravilhosa para se investigar essas informações, e muitas respostas são obtidas em apenas cinco minutos usando o Google ou outro mecanismo de buscas. Se você encontrar mais empresas entregando a mesma solução que identificou, isso não é um grande problema. Na verdade, será uma ótima notícia, já que você poderá estudar tudo o que eles estão fazendo e aprender ainda mais rápido para depois colocar a ideia em prática na sua região.

Vale lembrar que quase todas as ideias que existem por aí são fontes para você empreender, já que todas possuem algum tipo de limitação como alcance, preço, entrega e modelo, por exemplo. Se você conseguir adaptá-las para a sua realidade, pode ter em mãos uma grande ideia de negócios.

Lembre-se: **você está no início da sua vida empresarial e deve começar resolvendo apenas <u>um</u> problema.** Não escrevi este livro para pessoas experientes e que já estão acostumadas com as dificuldades do empreendedorismo. Escrevi para ajudar pessoas iniciantes, como você, a finalmente tirar o projeto do campo das ideias. Portanto, para começar, **você só precisa encontrar <u>uma</u> solução que resolva um problema de <u>várias</u> pessoas perto de você e nas condições que você possui hoje.** Mesmo que o seu produto seja focado em empresas, a dor sempre será de alguém, de um indivíduo que tem uma tarefa para executar e também um chefe que o cobra. Portanto, quem vai comprar a sua solução não é uma empresa, é **uma pessoa**. Ela está buscando uma solução e vai encontrá-lo. Se você souber como resolver o problema dela, vai ganhar dinheiro e fazer um cliente feliz. Seja uma comida para matar a fome da equipe ou para revender aos seus próprios clientes, seja um processo para administrar melhor as pessoas que vão ao consultório, ou mesmo um serviço de entrega de produtos de limpeza, no final do dia, a venda é sempre feita para alguém que tem um problema e por alguém que tem uma solução.

QUAL É O PROBLEMA QUE VOCÊ ESTÁ RESOLVENDO?

Compradores, normalmente, vão criar uma base de comparação entre a sua solução e as diversas existentes ao alcance, e não é um problema que já existam outras ofertas similares à sua. A sua solução pode até parecer pior que outra, mas e se for mais barata? E se for mais rápida? E se estiver mais próxima? Se for mais disponível? Qualquer um desses fatores pode ser um diferencial na hora da venda.

Ao contrário do que se imagina: se, por acaso, já existirem no mercado algumas soluções parecidas com a sua, fica até mais fácil explicar o que você vende, para que serve, quanto custa e as melhorias que você fez. Em outras palavras, fica muito mais fácil vender. Aprenda a usar essa informação como argumento de venda: "Sabe a solução da empresa tal? Então, a minha é parecida só que mais barata, ou mais completa, ou mais rápida, ou menor, ou maior, ou mais bonita...".

Agora que você compreende esse cenário, chegamos à pergunta-chave que você deve se questionar: **por que alguém deixaria de comprar algo que já compra de outro fornecedor para comprar de você?**

Para cada pequena característica de produto ou serviço que você identificar, comece a buscar qual seria o seu diferencial. As respostas serão algo como: "vou mudar esse item porque vai ficar mais barato (preço)", "vou mudar aquele item porque vai ficar mais perto (local)", "vou mudar determinado item porque a entrega vai ficar mais veloz (tempo)", "vou mudar aquele ponto porque vai ficar mais confiável do meu jeito (qualidade)", "vou deixar tudo igual ao que já existe, mas será vendido por mim, em quem o cliente já confia (confiança)". Muitas vezes, o produto ou serviço que você vai lançar não precisa ter nenhum diferencial real, a não ser o fato, por exemplo, de que vai ser entregue mais rápido porque é feito "aqui ao lado".

Vamos pensar em alguns exemplos?

Você decidiu abrir uma oficina para consertar sapatos. Elas já existem em diversos lugares da cidade, mas por que os clientes buscariam a sua oficina, e não as mesmas de sempre?

- Porque você é mais competente;
- Porque você está mais perto;
- Porque você é mais rápido;
- Porque você é mais barato;
- Porque tem estacionamento próximo.

Você decidiu abrir uma consultoria de vendas. Por que os clientes vão contratar você, e não as mesmas que sempre contrataram?

- Porque você possui vinte anos de experiência na área;
- Porque você tem exemplos para mostrar;
- Porque você é mais barato;
- Porque você ajuda na implementação do plano (um serviço a mais);
- Porque você é um "velho conhecido".

Você decidiu abrir um curso de culinária básica para jovens.
Pense por que vão procurar o seu curso, e não outros mais famosos?

- Porque o seu fica "ao lado de casa";
- Porque eles viram primeiro a sua propaganda;
- Porque você explicou no título que o seu curso é focado em jovens, ou que é um curso para aprender a fazer apenas o básico do dia a dia (como arroz e feijão, por exemplo);
- Porque você é mais barato;
- Porque você faz on-line em vez de presencial (ou o contrário).

Você decidiu abrir uma camisetaria. Por que vão comprar a sua camiseta, e não uma das milhares que existem por aí?

- Porque a sua é mais barata;
- Porque a sua é exclusiva;
- Porque a sua estava perto;
- Porque a sua tem mensagens engraçadas;
- Porque o seu tecido é diferente.

Acho que já deu para você pegar o conceito, né? Esse será o seu primeiro negócio e você ainda precisará aprender bastante sobre gestão, então busque um produto ou serviço que você já conheça bem. Assim, será capaz de entender mais facilmente o que é uma pequena mudança e o que ela é capaz de causar no seu produto ou na oferta.

159

UTILIZANDO A SUA REDE DE AMIGOS

Vamos lá. Se eu lhe perguntar qual a maneira mais rápida de ficar sabendo detalhes de alguma coisa que aconteceu perto de você, qual seria sua resposta? Provavelmente, conversar com amigos e família ou procurar na internet, correto? Se você for parte de uma turma que gosta de fofoca, então... nem precisa ir atrás. A informação chega quentinha até você.

Vamos aplicar o mesmo conceito aqui. Quando você for validar uma ideia de negócios, as primeiras pessoas com quem deve discutir o assunto são aquelas mais próximas, aquelas que o conhecem e que têm intimidade e liberdade para dizer o que você precisa escutar. A verdade que elas estão enxergando. A última coisa que você deveria querer nessa hora é escutar respostas confortáveis.

Dizem por aí que todas as pessoas possuem três avaliações, a própria, a que os outros fazem e a real.

Por outro lado, não adianta conversar apenas com as pessoas mais próximas. É importante consultar também amigos e conhecidos que estejam inseridos, de alguma maneira, na área em que você gostaria de começar a atuar, assim poderá fazer uma comparação profissional sobre as informações que está recebendo.

Outra fonte interessante é conversar com quem já é empresário, eles saberão compreender o seu plano rapidamente e trarão contribuições valiosas, seja na área de gestão, nos preços, custos ou colocação do produto no mercado. Eu, por exemplo, consigo encontrar erros básicos em diversos planos, mesmo sem ser especialista na área da pessoa, mas atentando-me apenas aos conceitos de administração de empresas.

A chave do exercício de validação é absorver o máximo de informações que você puder. Compreenda e absorva tudo aquilo que lhe falarem, mas não vá pensando que é uma tarefa fácil, pois o comportamento mais normal é escutar os outros **sem** ouvir de verdade.

Formamos uma ideia tão pronta em nossa cabeça que somos capazes de passar a conversa inteira na defensiva, pensando em respostas rápidas que usaremos para defender a nossa ideia em vez de ouvir verdadeiramente as opiniões e análises que nos são ditas.

Uma pessoa nos fala, por exemplo, que o preço que imaginamos está alto e, imediatamente, respondemos que a ideia é ser um produto *premium*. A pessoa nos diz que a cor ou a aparência geral está feia, e respondemos que tudo foi pesquisado e testado em um site. Nos dizem que não conseguem imaginar nenhum cliente para nosso produto e respondemos que, na verdade, já identificamos um nicho específico muito poderoso que ninguém percebeu ainda. Enfim, para cada mensagem importante que nos respondem, reagimos com algo que protege a nossa convicção.

Mas será que isso é o certo a se fazer? Se saímos para perguntar uma opinião de alguém, não deveríamos ouvir verdadeira e atentamente a resposta? Mais que isso, deveríamos aproveitar para aprofundar nossas perguntas, explorar novas possibilidades e anotar tudo em vez de julgar enquanto a pessoa fala ou tentar contra-argumentar para "ganhar" a conversa. O objetivo não é ganhar uma discussão, mas validar a sua ideia e encontrar os possíveis furos nela.

Serei brutalmente honesto aqui. Acredito que esse seja um dos comportamentos mais difíceis de se mudar no ser humano. Eu mesmo preciso reconhecer que sou superteimoso e tenho bastante dificuldade em mudar algumas ideias preconcebidas (minha família e colaboradores que o digam). E, para complicar, como eu adoro sair executando rapidamente, acabo evitando perguntar opiniões às pessoas, com receio de ouvir verdades que me desagradem. Com certeza, minha taxa de sucesso seria muito maior se eu fosse uma pessoa mais humilde e melhor ouvinte.

Quando abri a U5 Eventos, lá em 2010, o meu tio Artur me chamou para conversar e perguntou coisas básicas sobre o meu Modelo de

Negócios que eu não soube responder. Passei a agir como alguém que está mais preocupado em defender as próprias ideias do que em escutar a enorme experiência e conselhos que ele tinha para me oferecer. A conversa foi rápida e memorável. Ele, empreendedor e empresário há mais de trinta anos, e eu, diretor de vendas, quase sem nenhuma experiência com empreendedorismo. Hoje, dou até risadas quando me lembro desse dia, mas tenho certeza de que pelo simples fato de não ter escutado e levado em consideração tudo aquilo que ele me disse, perdi centenas de milhares de reais em dinheiro mal gasto (custos extras) e deixei de faturar outras centenas – quiçá milhões – em oportunidades não observadas (perdidas).

Resumindo, quando você decidir colocar uma ideia em prática, procure aquele grupo de amigos e pessoas próximas com quem tenha mais afinidade e comece a discutir se a sua ideia faz sentido ou não e como melhorá-la. Quanto mais próximo do seu negócio for a realidade deles, melhor. Além disso, não dispense o conhecimento das pessoas com experiência no ramo e muito menos no empreendedorismo. Pergunte, escute, anote, avalie, acredite... e siga adiante.

"Fabio, e se eu estiver com medo de revelar a minha grande ideia?"

Esse medo é real e justificável, mas o fato em si não é tão comum assim. Algumas ideias podem ser roubadas ou copiadas, porém em algum momento você deverá confiar em alguém e revelar pedaços do que você está pensando. Se você estiver mesmo com medo de ser copiado, fale menos e escute mais. Explore ideias ao redor do que você pensa em abrir e pergunte a um amigo como ele faria para resolver o problema que você imaginou. Não conte a sua solução, pergunte a solução dele. Ele não está preocupado em esconder nada, pelo contrário, provavelmente gostaria de exibir conhecimento para você. Então, em vez de contar tudo sobre a sua solução, fale muito sobre o problema que você quer resolver.

Mas não deixe isso ser um peso na sua cabeça. Não é porque você compartilhou a sua ideia que alguém será capaz de executá-la da mesma maneira. Então, é muito pouco provável que alguém roube o seu conceito, mas tudo bem se você não quiser contar. Explore os arredores e aprenda com as ideias dos seus amigos.

PRIMEIROS TESTES

Uma vez definido o seu projeto, chegou a hora de ir rapidamente ao mercado para testar seu negócio com pessoas conhecidas. E agora estou falando de vendas.

Peça ajuda, marque reuniões e cafezinhos, exponha-se, demonstre sua força, assuma que está começando e siga em frente. Não é mais o momento de ficar preocupado se a pessoa vai roubar a sua ideia ou não. Agora a sua empresa começou de verdade e você já está vendendo o conceito que criou.

Um formato muito comum para começar a testar seu negócio é oferecer pequenas provas. Se for um produto, pode dar uma pequena versão de teste. Se for um serviço, pode fazer um projeto-piloto, com pequenas execuções, normalmente com tempo predeterminado, sem obrigação de continuidade. Evite fazer pilotos grátis, mas ofereça descontos em troca do testemunho do cliente. Mostre o projeto que você está tentando construir, demonstre muita força de vontade, uma certa dose de confiança, mas demonstre também bastante humildade para receber os feedbacks e escutá-los de verdade, sem rancor. A sua oferta é cara ou barata? Foi bem-feita ou pode melhorar? Melhorar em quê? O prazo foi cumprido? Atendeu às expectativas? Precisa ser aumentada ou reduzida? Enfim, reco-lha o máximo de informações possíveis e use-as em seu benefício. Qualquer que seja a opinião deles, será uma contribuição muito valiosa para os seus próximos passos. "Gostei, mas é caro", "gostei, mas é frágil", "gostei, mas preciso de muito volume", "gostei, mas não sei se consigo cancelar a compra do outro fornecedor", "não gostei, pois achei feio" ou "achei lento, achei curto, achei pequeno...". Qualquer informação precisa ser analisada como aprendizado e como possibilidade de melhoria da sua oferta.

Vários aspectos poderão ser melhorados ou corrigidos, enquanto outros não poderão ser modificados. E tudo bem. Alguns pontos poderão matar o seu produto. Outros podem lhe dar mais confiança. Apenas a coleção e o tratamento de todos esses comentários no começo da sua operação serão capazes de lhe fornecer uma ava-liação real sobre o que você está fazendo e guiá-lo para um melhor produto ou serviço.

Esse conceito de testes pode ser muito bem adaptado para a sua oferta, desde vender cachorro-quente na frente da escola (os alunos gostaram ou não? Aprovaram o preço? Reclamaram da qualidade da salsicha? Poderia ser um pão diferente? Foi difícil levar seu material para a porta da escola? Havia concorrente perto?) até o lançamento de um serviço on-line (houve comentários sobre qualidade, o texto está muito longo, faltam imagens na tela, o vídeo está escuro, o conteúdo está muito curto etc.) e, até mesmo, uma loja de roupas (o preço está caro, a vitrine está mal-arrumada, o tecido é de baixa qualidade, gos-tariam de mais parcelas de pagamento entre outros).

Nunca perca a oportunidade de começar pequeno, com rapidez, e de avaliar tudo.

Tão **importante** quanto identificar suas ideias e **listar cada passo** que consiga prever, é testar na prática o funcionamento delas.

FABIO RODRIGUES – EMPREENDA AGORA!

MODELO DE NEGÓCIOS E PLANO DE NEGÓCIOS

Agora precisamos falar sobre dois documentos simples que vão ajudar você a estruturar a sua ideia e partir para a ação. Ambos fazem parte de processos muito importantes que o auxiliam a organizar as ideias e colocá-las em uma sequência de passos que facilitarão a sua jornada.

- **Modelo de Negócios:** É obrigatório. Trata-se da ideia central do projeto. Uma empresa não nasce sem que você e seus sócios se reúnam para definir **o que** farão, **como** farão, para **quem** farão e por **quanto**. Esse exercício é a definição literal do modelo que você fará para o seu negócio acontecer e há diversas ferramentas gratuitas na internet para auxiliar em sua criação. As ferramentas vão desde as mais simples, como o famoso "guardanapo", até propostas mais elaboradas descritas em livros.

- **Plano de Negócios:** Esse é um tema um pouco mais controverso. Trata-se de um documento detalhado em que você vai montar, item a item, o plano da sua empresa e estabelecer cada passo a ser executado, desde a ideia até o fluxo financeiro, produção e atendimento.

Mas calma que vou explicar melhor: imagine que você e os seus amigos estejam em um bar, tomando cerveja, conversando alto e reclamando que estão todos entediados, já que "nada de novo" acontece na cidade, até que alguém diz: "Por que não fazemos uma festa?".

Todos se olham, sorriem e concordam na mesma hora: "Vamos nessa, vai ser muito legal". O primeiro diz: "Eu vou convidar toda a minha turma da faculdade". Outro completa: "Eu tenho uma banda muito boa para tocar". Mais um declara: "Não pode faltar muita cerveja gelada", e finalmente a pessoa no cantinho diz: "Minha tia tem uma chácara". A partir daí, alguém pega o guardanapo, descola uma caneta e começa a escrever mais detalhes daquilo que não pode faltar e também tudo aquilo que não entra. Define-se um responsável pelo local (falar com a tia), outro pela bebida, outro pela banda, todos pelos convidados, e fica decidido que a festa vai acontecer. Isso que acabaram de fazer é o desenho de um **Modelo de Negócios** (*business model*) da festa, assim mesmo, em um guardanapo. Muitas empresas famosas nasceram exatamente assim.

No dia seguinte, já sem o efeito da cerveja e do ambiente do bar, os amigos se falam novamente e começam a preparar um plano detalhado de todos os itens que vão precisar para que a festa aconteça:

- **Tema da festa** (A razão de a festa existir);
- **Dinheiro** (Vender ingressos? Cada um pagar um pouco ou conseguir um patrocínio?);
- **Pessoas** (Quais turmas? Público aberto ou não? Só amigos mais próximos?);
- **Local** (Se a chácara da tia for longe, existem outras opções? O apartamento do João, uma boate, um clube...);

- **Data** (Nessa semana não dá, mês que vem tem vários eventos na cidade e pode ser que ninguém vá à festa. Fazer na quinta, sexta ou é melhor sábado?);

- **Segurança e equipamentos** (Deve haver um segurança, palco para a banda, energia com a voltagem correta para os equipamentos);

- **Cerveja e outras bebidas** (Compra, transporte, armazenamento, gelo... chamar um bar para realizar o serviço?);

- **Propaganda** (Anunciar em grupos das redes sociais? Colocar cartazes nos postes? Cada um chama na faculdade que frequenta?);

- **Divisão das responsabilidades e lucros** (Quem faz o quê? Quanto dinheiro investir? Se houver lucro, quanto cada um receberá?).

Acredite, ainda há um monte de itens e assuntos para resolver até que a festa efetivamente aconteça. Todos esses itens entram em uma planilha com datas, valores e responsáveis. E esse é o famoso **Plano de Negócios**.

Deu para perceber a diferença? **O Modelo de Negócios serve para quando a ideia surge, e é o momento de definir grandes pontos: por que fazer, o que, para quem e como. Já o Plano de Negócios é o detalhamento para colocar esse modelo em execução.**

A razão para eu ter dito que o tema Plano de Negócios é um assunto controverso é porque as pessoas têm opiniões completamente diferentes e, muitas vezes, inflexíveis, sobre qual documento de Plano de Negócios devem seguir e também sobre a necessidade de se fazer um plano... essa foi justamente a minha área de estudo no mestrado. À frente revelo minha própria opinião.

169

NÃO TORTURE O SEU PLANO DE NEGÓCIOS

Minha tese de mestrado na Universidade de Lisboa (ISEG) foi sobre a utilização de Planos de Negócios em empresas de Portugal. É um tema pelo qual tenho bastante interesse, pois empreender significa colocar ideias em execução, e o documento que ajuda você a fazer isso é justamente o Plano de Negócios. Isso não quer dizer que todos os planos sejam iguais. Existem vários modelos diferentes para inspirar, o que importa é que eles sejam bem-feitos!

A parte mais fácil é planejar. Difícil é executar!

O Plano de Negócios serve exatamente para que você consiga visualizar e validar a sua ideia ainda no papel, sem gastar nenhum centavo ou correr qualquer tipo de risco. É como verificar se o paraquedas tem algum furo antes de saltar do avião. Uma simulação da vida real.

Um Plano de Negócios bem elaborado funciona para que você consiga visualizar melhor se as suas ideias fazem ou não sentido. Você não deve encará-lo como uma ofensa ou como uma meio para fabricar contas e números que o agradem. Se o plano mostrar que sua ideia é ruim, mude a ideia.

O documento vai permitir que você altere variáveis para chegar em um ponto que justifique, ou não, o seu investimento, inclusive com a data provável em que o negócio passará a ser lucrativo. Não adianta seguir adiante com ideias que tenham falhas enormes em algum ponto crucial. É como criar uma casa linda sem uma pilastra que sustente o peso do telhado, eventualmente o sonho pode desmoronar.

Para que você realize um bom planejamento, comece com uma solução simples. E o que eu quero dizer com simples? Veja os exemplos a seguir:

Ideia A: As pessoas sentem fome. Vou vender cachorro-quente para os alunos da faculdade em frente à minha casa, com uma caixa de isopor e um fogareiro, por 10 reais cada.

Ideia B: As pessoas sentem fome. Vou vender cachorro-quente "gourmet" para jovens executivos. Será um cachorro-quente com milho, ervilha, purê e pão artesanal, em um *foodtruck*, acompanhado de cerveja especial, a 25 reais cada.

As duas ideias são factíveis e possíveis, mas se essa é a sua primeira tentativa de negócios, é melhor começar pela opção A e testar na prática se as pessoas querem comer cachorro-quente naquele local, hora, formato, qualidade e preço. Depois você evolui. Que tipo de veículo usar? Preciso de licença? Permissão da faculdade? Quais são as preferências dos consumidores? Que preço pagam? Posso vender mais itens?

Um comportamento muito negativo que verifiquei em minhas entrevistas para a tese do mestrado é que as pessoas acabam invertendo os papéis: em vez de buscar e adaptar uma ideia que seja "aprovada" pelos números e demais partes que compõem o Plano de Negócios, elas tentam adaptar o Plano de Negócios à ideia que tiveram.

O Plano de Negócios existe, justamente, para comprovar se a ideia para de pé, e não para justificá-la. Se o resultado esperado não aparece nos cálculos, adapte a ideia, e não as contas. Pare de "torturar" o seu Plano de Negócios até que ele revele o número que você gostaria de ver. Entenda o plano como um mentor, uma ferramenta que vai dizer a verdade, mesmo que seja dura de escutar.

O Plano de Negócios não está errado quando diz que a ideia vai dar prejuízo. Ele está fazendo um alerta de que algum ponto não está bem cuidado e deve ser corrigido antes de você investir o seu dinheiro.

O Modelo de Negócios mais conhecido do mundo atualmente chama-se Quadro de Modelo de Negócios (*Business Model Canvas)*, ou apenas Canvas, e surgiu de um estudo coletivo[43] liderado por Alexander Osterwalder e Yves Pigneur, com a participação de mais de 470 pessoas de 45 países.

De acordo com Osterwalder, "um Modelo de Negócios descreve a lógica de criação, entrega e captura de valor por parte de uma organização". No estudo, eles propuseram um diagrama ou quadro chamado Canvas, que mostra em apenas nove pontos-chave os principais aspectos a se considerar para validar uma ideia e gerir a empresa ao longo do tempo.

O ponto-chave é chamado de **Proposta de Valor**, e define a razão da existência da empresa, tudo que ela está propondo de valor especial para cada segmento de cliente escolhido, tudo aquilo que **ele** valoriza. À direita, estão localizados quatro pontos-chave que resumem tudo que a empresa precisa desenvolver para compreender e criar essas propostas de valor para os **segmentos de clientes** escolhidos, os **canais** pelos quais a empresa vai acessar esses clientes, o tipo de **relacionamento** que a empresa vai estabelecer e também quais serão as suas **fontes de receita**. A seguir, existem outros quatro pontos-chave do lado esquerdo, que identificam tudo que a empresa necessita de **recursos, atividades, parceiros** e **estrutura de custos** para <u>**criar ou produzir**</u> as suas propostas de valor. Explicando melhor:

A proposta de valor: define aquilo que entregamos aos clientes. Quais problemas dos clientes estamos ajudando a resolver? Quais produtos ou serviços estamos entregando a cada grupo de clientes? Quais necessidades dos clientes estamos resolvendo?

---

[43] BUILD an Invincible Company. **Strategyzer**, 2020. Disponível em: https://www.strategyzer.com/. Acesso em: 5 abr. 2022.

Os quatro pontos-chave da direita (aquilo que é necessário para entregar):

- **Segmentos de clientes:** Para quem estamos criando a nossa proposta de valor? Quem são nossos clientes mais importantes? Existem grupos diferentes de clientes?

- **Canais:** Por qual meio nossos clientes querem ser atendidos? Onde eles se encontram? Como estamos atendendo agora? Como os nossos canais estão integrados entre si? Quais funcionam melhor?

- **Relacionamento com os clientes:** Que tipo de relacionamento os nossos principais clientes esperam que a empresa desenvolva e mantenha? Quais deles já desenvolvemos? Como esses canais estão integrados com o restante do Modelo de Negócios?

- **Estrutura de receitas:** Que valores os nossos clientes estão dispostos a pagar? Quanto eles pagam atualmente por soluções similares? Como pagam hoje? Como prefeririam pagar? Quanto cada fonte de receita contribui para a receita total da nossa empresa?

Os quatro pontos-chave da esquerda (infraestrutura necessária para criar ou produzir sua proposta de valor):

- **Principais recursos:** Quais os principais recursos que precisamos para desenvolver nossa proposta de valor?

- **Principais atividades:** Que atividades precisamos desenvolver para criar a nossa proposta de valor?

- **Principais parceiros e fornecedores:** Quem pode nos ajudar a criar e entregar nossas soluções? Que recursos deles estamos utilizando? Que pontos operam?

- **Estrutura de custos:** Quais os custos mais importantes dentro do nosso Modelo de Negócios? Quais os recursos-chave mais caros? Quais as atividades-chave mais caras?

Logo após o enorme sucesso do lançamento dessa ferramenta, em 2010, o mundo do empreendedorismo nunca mais foi o mesmo. Milhões de pessoas começaram a utilizar essa solução e seguir essas orientações para avaliar as próprias ideias de negócios.

PARCEIROS E FORNECEDORES	ATIVIDADES--CHAVE	PROPOSTA DE VALOR	RELACIONAMENTO	SEGMENTOS DE CLIENTES
	RECURSOS		CANAIS	
ESTRUTURA DE CUSTOS			ESTRUTURA DE RECEITAS	

Business Model Canvas

MEU MODELO DE NEGÓCIOS FAVORITO

Ainda em 2010, um professor e empreendedor chamado Ash Maurya[44] estudou profundamente o então recém-lançado Business Model Canvas e ousou sugerir uma série de mudanças no aclamado documento, batizando a sua versão modificada de The Lean Canvas.[45] A sua visão era de que o Canvas poderia ser ainda mais bem aproveitado por empresários iniciantes se a linha de raciocínio **começasse**

---

44 MAURYA, A. **Portal Leanstag** [*s. d.*]. Disponível em: https://blog.leanstack.com/author/ashmaurya/. Acesso em: 5 abr. 2022.

45 LEAN Canvas. **Portal Leanstag** [*s. d.*]. Disponível em: https://s3.amazonaws.com/leanstack/v4/Lean-Canvas.pdf. Acesso em: 5 abr. 2022.

pela identificação dos problemas[46] a serem resolvidos e, só a partir daí, seguisse os próximos passos.

Você já deve ter percebido que essa nova versão é o meu modelo favorito: escolher o segmento que eu conheço muito bem, identificar um problema para resolver e, então, desenvolver todo o processo necessário para criar, vender, entregar, cobrar e apoiar os clientes.

Trabalhar com algo como:

- Qual segmento eu conheço muito bem (minha área de conforto)?
- Qual problema eu identifiquei e quero resolver?
- Este problema é comum para um número suficiente de pessoas? (consigo ganhar dinheiro?)
- Qual solução o cliente gostaria?
- Qual é a minha proposta de valor, a minha solução que resolve o problema?
- Como eu vou produzir e entregar para os clientes?
- Como vou medir meus resultados e caminhos?
- Como vou pagar pela minha estrutura? Há formas de pagar menos/lucrar mais?
- Qual é realmente minha vantagem competitiva (preço, qualidade, localização etc.)?

Na imagem a seguir, aplico os itens que listei anteriormente no Modelo de Negócios The Lean Canvas, mas, como disse antes, é possível encontrar na internet diversos sites ensinando como preencher cada documento, bem como muitos exemplos de aplicações em empresas reais.[47] Pesquise, não deixe de procurar e aprender, pois esse é o

---

46 MAURYA, A. Why Lean Canvas vs Business Model Canvas? **Portal Leanstag**, 27 fev. 2021. Disponível em: https://blog.leanstack.com/why-lean-canvas-vs-business-model-canvas. Acesso em: 5 abr. 2022.

47 PEREIRA, D. O que é o Business Model Canvas. **O Analista de Modelos de Negócios**, 8 jul. 2016. Disponível em: https://analistamodelosdenegocios.com.br/o-que-e-o-business-model-canvas/. Acesso em: 5 abr. 2022.

EMPREENDA AGORA!

melhor caminho para definir seu negócio e sua solução de uma maneira que você consiga entregar, nas condições e com os recursos que você possui hoje.

PROBLEMA	SOLUÇÃO	ESTRUTURA DE CUSTOS	VANTAGEM COMPETITIVA	SEGMENTO DE CLIENTES
2	**4**	**5**	**9**	**1**
	MÉTRICAS–CHAVE		**CANAIS**	
	7		**6**	
PROPOSTA DE VALOR			**RECEITAS**	
8			**3**	

The Lean Canvas

O Plano de Negócios serve exatamente para que você consiga visualizar e validar a sua ideia ainda no papel, sem gastar nenhum centavo ou correr qualquer tipo de risco.

FABIO RODRIGUES – EMPREENDA AGORA!

NÃO DESISTA:
O SEU NEGÓCIO
ESTÁ LOGO ALI!

Você definitivamente **não** está velho demais, **nem** é muito novo para empreender.

Henri Nestlé[48] (esse nome lembra alguma coisa?) inventou a farinha láctea aos 52 anos. A Coca-Cola foi inventada quando seu criador, John Pemberton,[49] tinha 55 anos. Está achando que com essa idade eles ainda eram novinhos? Então vamos lá: Charles Flint[50] fundou a IBM aos 61 e Harland Sanders[51] a KFC aos 62.

"Ah, Fabio, mas esses são exemplos muito antigos, de um tempo em que era mais fácil empreender. Hoje as coisas não são tão fáceis,

---

48 FARINHA Láctea Nestlé. **Nestlé**, [*s. d.*]. Disponível em: https://www.nestle.com.br/marcas/cereais/farinha-lactea-nestle. Acesso em: 12 abr. 2022.

49 CRÔNICAS da Coca-Cola: nasce uma ideia refrescante. **Coca-Cola Brasil**, 31 dez. 2011. Disponível em: https://www.cocacolabrasil.com.br/historias/historia/cronicas-da-coca-cola-nasce-uma-ideia-refrescante. Acesso em: 12 abr. 2022.

50 CHARLES R. Flint. **IBM**, [*s. d.*]. Disponível em: https://www.ibm.com/ibm/history/exhibits/builders/builders_flint.html. Acesso em: 12 abr. 2022.

51 FELONI, R. KFC Founder Colonel Sanders Didn't Achieve his Remarkable Rise to Success Until his 60s. **Insider**, 25 jun. 2015. Disponível em: https://www.businessinsider.com/how-kfc-founder-colonel-sanders-achieved-success-in-his-60s-2015-6. Acesso em: 12 abr. 2022.

porque a maioria dos negócios já foi inventada e há muita concorrência em todo setor."

Então me acompanhe para conhecer algumas histórias atuais, em mercados muito competitivos.

Marta Monteiro e Veronique Forat,[52] respectivamente com 64 e 61 anos, criaram a plataforma morar.com.vc, atualmente Coliiv, cuja ideia inicial era ajudar idosos a encontrar pessoas para compartilhar uma moradia. Hoje, a Coliiv se apresenta como "a maior plataforma do Brasil que conecta pessoas por afinidade para morar de forma compartilhada", ou seja, ampliou o seu conceito e o espectro de público-alvo.

Lisa Gable,[53] aos 70 anos, sentindo-se desconfortável com alças de sutiãs que afrouxavam e caíam, criou, em 1994 (não faz tanto tempo assim), o Strap-Mate, um acessório simples que prende as alças e pode ser comprado nos Estados Unidos e em qualquer lugar do mundo pela internet.

A sul-coreana Mommy,[54] de 71 anos, incentivada pelo filho que era um renomado chef de cozinha, criou, em 2015, a MommySauce para produzir receitas secretas de molhos que são distribuídos para milhares de clientes, desde cozinheiros que têm esse hobby aos fins de semana, até renomados chefs de grandes e famosos restaurantes.

Agora vamos para a outra ponta: a dos empreendedores muito mais jovens.

---

52 SILVA, R. Forbes50+: Marta Monteiro e Veronique Forat. **Forbes**, 17 jun. 2021. https://forbes.com.br/listas/2021/06/forbes50-marta-monteiro-e-veronique-forat/. Acesso em: 12 abr. 2022.

53 SCHWEITZER, T. The Grandmother of Invention. **INC** [*s. l.*]. Disponível em: https://www.inc.com/8over80/2007/1-lisa-gable-the-grandmother-of-invention.html. Acesso em: 12 abr. 2022.

54 71-YEAR Old Korean Entrepreneur Launches Online Business Selling Her Secret Cooking Sauces. **Business Women**, 6 set. 2019. Disponível em: https://www.businesswomen.org/2017/09/mommy-choi-korean-woman-entrepreneur-mommy-sauce.html. Acesso em: 12 abr. 2022.

Henry Patterson,[55] um garoto britânico que, aos 7 anos, é considerado um dos mais jovens empreendedores do planeta. Ele iniciou o primeiro de seus três negócios vendendo, pela internet e com a ajuda da mãe, sacolas de adubo produzido pelo cavalo da sua família. Depois, investiu na revenda de produtos de brechó pelo site eBay (lembre-se de começar pequeno, sem risco e sem empatar muito capital). Em seguida, ainda com a ajuda da mãe, abriu uma loja de venda de doces pela internet e, em apenas uma semana, venderam a quantidade de doces estimada para um mês. Detalhe: ele mesmo criou o logo da empresa, as estratégias de marketing e venda, e o *storytelling* de sua oferta. Isso mesmo, a história por trás dos seus doces, que tinham aparências atípicas (para dizer o mínimo), como de lama, vermes e alienígenas.

Henry fez uma mudança em um produto comum, que já existia, e o transformou em um produto não convencional, lúdico, para o público infantil e pré-adolescente. Além disso, ele enviava com os doces itens como canetas e adesivos, que os pais podiam dar como recompensa aos filhos se eles escovassem os dentes depois de comer as guloseimas, e baseou essa ação em sua própria experiência de não gostar de escovar os dentes. Ou seja, com os seus produtos, ele atendia diversas necessidades básicas de quem gosta de comer doces. O seu próximo sonho, quando completar 16 anos, segundo declarou, é transformar-se em um cineasta. Guardadas as devidas proporções, talvez você mesmo, ou algum dos seus amigos, já tenha feito um bom dinheiro vendendo coisas para os colegas de escola ou do bairro. Empreender pode começar assim.

---

55 BRTAIN'S Youngest Entrepreneur Henry Patterson On How He Became A Sweets Tycoon. **Great British Entrepreneur Awards**, [*s. d.*]. Disponível em: https://www.greatbritishentrepreneurawards.com/news/britains-youngest-entrepreneur-henry-patterson-on-how-he-became-a-sweets-tycoon/. Acesso em: 6 abr. 2022.

Outro caso de empreendedorismo precoce é o de Shubham Banerjee.[56] Com 13 anos, ele descobriu, no Google, que os cegos liam utilizando o sistema Braille. Descobriu também que, naquele momento, as impressoras em braille custavam cerca de 2 mil dólares e que mais de 90% dos cegos do mundo moram em países subdesenvolvidos. Ele então identificou uma dor importante e volumosa para resolver. Criou o protótipo de uma impressora mais barata usando peças de Lego e os conhecimentos que tinha em programação Java, (sua área de conforto). Levou sua invenção para a feira de ciências da escola (testou a ideia) e a boa receptividade conseguida pela impressora convenceu seu pai a investir 35 mil dólares no protótipo seguinte, aperfeiçoando-o. A partir daí, resolveram criar a empresa Braigo Labs, cuja CEO é a mãe de Shubham. Eles conseguiram chamar a atenção da gigante Intel, que investiu na Braigo, fazendo de Shubham o empreendedor mais jovem do mundo a receber capital de risco para o seu projeto (aos 14 anos).

O que a ideia de Shubham tem a ver com o que defendo neste livro? Tudo! Ele começou com um sonho e descobriu que podia resolver uma dor real de milhões de pessoas. Identificou um nicho no qual poderia usar aquilo em que ele já era bom: programação Java. Não investiu muito no início, apenas um kit Lego. Testou o produto em um ambiente amigo: a feira de ciências da sua própria escola. Convenceu um parente (seu pai) a investir na ideia. Juntou-se a sócios que eram complementares: seu pai, que tinha dinheiro e experiência em negócios, e sua mãe, que, entre outras funções administrativas, assinava todos os documentos da empresa, coisa que ele não podia fazer por ser menor de idade. Percebeu? Empreender,

---

56 STUDENT by Profession, Innovator by Chance, Entrepreneur by Choice, Speaker by Demand. **Portal Shubham Banerjee**. Disponível em: https://www.shu.today/06. Acesso em: 6 abr. 2022.

em tese, é a reunião de diversos elementos que, combinados, resultam em um negócio que resolve a dor de alguém e ainda satisfaz a sua vocação empreendedora. Por isso insisto em que você comece pequeno e por algo dentro de sua área de conforto. Você será mais produtivo, estará mais motivado e terá condições de corrigir a rota com mais facilidade quando as dificuldades aparecerem.

Outro exemplo de jovem empreendedor que vale a pena citar aqui é o do brasileiro Davi Braga[57] que, também aos 13 anos, identificou um problema a resolver quando prestou atenção na dificuldade que sua mãe, dona de uma papelaria, sentia para organizar e entregar inúmeros pedidos de material escolar aos pais dos alunos no período de volta às aulas. Davi, que vem de uma família de empreendedores, decidiu, então, estudar e criar um aplicativo para melhorar a comunicação entre os pais e os fabricantes de material escolar (uma plataforma on-line chamada List-it). O aplicativo que criou apresentava uma lista completa de todos os materiais disponíveis e permitia que os pais selecionassem o que queriam, e a ferramenta encaminhava a lista à empresa parceira que entregava os materiais solicitados diretamente na casa dos clientes. Esse foi o primeiro grande negócio de Davi, que depois partiu para diversas outras jornadas empresariais.

E para dar um exemplo de empreendedorismo a partir de um simples hobby, vamos à história do escocês Fraser Doherty[58] que, aos 14 anos, resolveu produzir geleias caseiras que aprendeu a fazer com a avó, planejando vendê-las, inicialmente, batendo de porta em porta e, depois, para os comércios locais do bairro onde morava. Dois anos depois, sua marca Super Jam conquistou espaço

---

57 SOBRE Davi. **Portal Davi Braga**, 2021. Disponível em: https://www.davibraga. com.br/. Acesso em: 6 abr. 2022.

58 BIOGRAPHY. **Portal Fraser Doherty**, [*s. d.*]. Disponível em: https://www. fraserdoherty.com/pages/biography. Acesso em: 6 abr. 2022.

nas prateleiras de grandes supermercados e, hoje, já pode ser encontrada no mundo todo em milhares de supermercados. Fraser se tornou um grande empreendedor com diversas marcas e inúmeros trabalhos sociais.

Como você vê, pessoas de todas as idades, ao redor do mundo, começaram a empreender independentemente da idade que tinham, criando histórias de sucesso baseadas, quase sempre, nos mesmos princípios que defendo aqui no livro: uma área que conhecem bem (área de conforto), uma ideia que resolve a dor de algumas ou muitas pessoas, uma solução que elas querem e podem comprar, testando as ideias com parentes e amigos e começando pequeno, devagar, sem arriscar tudo o que têm, crescendo e aperfeiçoando o produto, serviço ou negócio aos poucos.

Por isso, **nunca** se sinta paralisado, nem permita que digam que você é louco por começar um negócio do nada, que você poderá se arrepender ou que não nasceu para isso. Arrependimento mesmo é o que sentimos por não ter tentado fazer o que o nosso coração nos diz. Afinal, você agora já está **muito mais preparado** para começar com segurança e seguir adiante.

Lembre-se: não é o resultado que define o empreendedor, é a ação!

Pessoas de todas as idades, ao redor do mundo, começaram a empreender independentemente da idade que tinham, criando histórias de sucesso **baseadas**, quase sempre, nos mesmos princípios que defendo aqui no livro.

FABIO RODRIGUES – EMPREENDA AGORA!

SEU PLANO DE VOO ESTÁ DENTRO DE VOCÊ

A PRIMEIRA VEZ A GENTE NÃO ESQUECE!

Quando chegamos ao final de uma leitura como esta, que fala o tempo todo sobre o grande sonho de pessoas inquietas como você e eu – o sonho de empreender –, é normal que estejamos muito motivados com a ideia de partir para a concretização desse sonho, começando o próprio negócio imediatamente, ou o quanto antes. Eu acredito de verdade que você poderá começar hoje, neste exato momento. Tenho certeza de que sua cabeça já identificou várias áreas de conforto, imaginou diversas oportunidades e também já começou a fazer um balanço entre riscos e oportunidades.

Aprender a empreender é como desenvolver um superpoder. Você agora será capaz de colocar suas ideias em prática. Terá o poder de fazer as coisas acontecerem! Acredito que isso é tão importante para a vida que deveria ser ensinado em todos os lugares. Em casa, nas escolas, igrejas, acampamentos, em qualquer local ou hora.

Você e eu sabemos que investir em um novo empreendimento não é uma tarefa fácil, pois as escolas e as famílias raramente discutem temas como educação financeira e pessoal, investimentos, gestão e a relação com o dinheiro. É um assunto meio tabu: "Eu não lhe digo quanto ganho e você não me fala sobre os seus investimentos". Nunca aceitamos falar sobre nossas falhas, muito menos sobre os nossos erros. Os filhos quase nunca sabem quanto os pais ganham, como gastam ou investem o dinheiro.

No colégio, aprendemos matemática, mas não nos ensinam a calcular a margem de lucro. Nos ensinam português ou inglês, mas não ensinam como escrever uma carta de vendas. Nos mandam apresentar projetos na frente da turma, mas não nos ensinam técnicas de oratória. Infelizmente, precisamos aprender sozinhos.

Se eu aprender a nadar, posso olhar para uma piscina pequena e dizer: "Vou atravessá-la". Depois, olho uma maior e digo: "Agora sou capaz de atravessá-la também". A seguir, poderei entrar na água do mar, nadar, mergulhar e, mais para frente, até aprender a surfar. São evoluções naturais. O mesmo acontece ao avaliar oportunidades, aprender a comprar e a vender alguma coisa, contratar pessoas, produzir algum produto, gerar lucro e fazer dinheiro.

Com o que você já conhece e tendo este livro como guia, acredito que você já é plenamente capaz de buscar e realizar o seu sonho!

Dependendo da sua idade, talvez você se lembre de uma antiga campanha publicitária de uma marca de lingerie que dizia "do primeiro sutiã, a gente nunca esquece". O primeiro negócio que montamos, também não. A insegurança, a excitação, os medos e as alegrias dos primeiros meses são incomparáveis. É como o primeiro beijo, a primeira vez que você dirigiu, o primeiro carro que comprou, a primeira vez que andou em uma montanha-russa. Com o tempo, você continua fazendo todas essas atividades e, seguramente, muito melhor. Mas sempre se lembrará das emoções da primeira experiência. O mesmo acontece com empreender.

Lembro-me com muito carinho de tudo o que aconteceu no primeiro ano da minha primeira empresa, a U5 Eventos. Cada alegria, cada perrengue, cada dificuldade, cada susto. Lembro-me de tudo aquilo que construímos juntos, entre erros e acertos, e posso afirmar que nenhuma outra empresa que abri depois dela teve sobre mim o mesmo efeito emocional. Todos os erros e os acertos que tive ali me transformaram no empreendedor que eu sou hoje.

Você pode estar querendo me perguntar: "Mas, Fabio, e se eu tentar empreender e não der certo? E se a empresa não vingar? E se os clientes não aparecerem? E se eu não conseguir gerar dinheiro suficiente para me sustentar?". Ok, eu direi, as coisas podem não sair exatamente como você planejou, mas também posso perguntar a você: **e se der certo?** E se, além de você ganhar dinheiro para se sustentar, você ainda conseguir contratar várias pessoas e, com elas, gerar lucros que permitam ampliar o negócio e ajudem a sustentar muitas pessoas?

Se algo não sair como o planejado, ainda assim, você continuará sendo um empreendedor! Apenas não terá conseguido da primeira vez, o que é normal (por isso, repito minha recomendação de começar pequeno). Assim que você se recuperar ou conseguir colocar em prática sua nova ideia, as coisas voltarão a fluir. A sua segunda tentativa provavelmente será melhor que a primeira e pode ser também que a terceira seja aquela que mude a sua vida. Não sabemos quando o seu momento "eureca!" ou "bingo!" vai acontecer, mas ele acontecerá. Lembre-se de que uma experiência só é inútil ou dá errado de verdade se não aprendermos nada com ela. Se aprendemos alguma coisa, já valeu a pena.

Eu senti na pele a imensa dificuldade – e também a grande emoção – que é sair de um bom emprego para começar a empreender. Cheio de ilusões, sonhos e expectativas, mas ainda sem o devido preparo para essa montanha-russa de atividades, acabei enfrentando muitos problemas, perdendo grandes oportunidades e correndo riscos desnecessários.

Felizmente, onze anos depois, faço parte de um grupo cada vez maior de pessoas que consegue sobreviver e desenvolver os seus negócios com segurança, vivendo daquilo que construíram e ainda ajudando muitas pessoas pelo caminho.

Como resultado dessa minha vivência, escrevi em 2019 meu primeiro livro, *Na dúvida, não empreenda!*, com um único objetivo: informar as pessoas sobre as verdadeiras dificuldades iniciais que enfrentamos ao abrir nossos primeiros negócios e como evitá-las. Toquei, abertamente, em assuntos como: falta de dinheiro, sócios demais, ansiedades e escolhas erradas. Um verdadeiro teste ácido para fazer as pessoas refletirem se querem mesmo dar esse passo.

Agora, venho novamente de peito aberto completar esse caminho por meio deste livro que está em suas mãos. Trazendo o apoio necessário para você começar a empreender de maneira mais segura e eficiente. Se você quer mesmo começar, então espero que esta leitura tenha ajudado. E lembre-se: identifique suas áreas de conforto, defina suas possíveis ideias e comece a executá-las ainda hoje, levando em conta suas limitações e dificuldades atuais.

Eu acredito e confio que você vai ser muito feliz em sua nova vida de empreendedor!

Está esperando o quê? Empreenda agora!

Inspirado em uma frase que escutei do grande escritor Ignácio de Loyola Brandão: este livro **não tem final**, porque a **sua história** empreendedora está apenas começando.

FABIO RODRIGUES – EMPREENDA AGORA!

CONVERSA COM A MINHA MÃE SOBRE O LIVRO

> ↪ *Encaminhada*
>
> produção editorial | Empreenda agora! [Entrada]
>
> **Alanne Maria**
> para Fabio Rodrigues
>
> Olá, Fabio! Boa tarde, tudo bem? Meu nome é Alanne, sou assistente editorial aqui na Editora Gente e estarei junto com a Franciane acompanhando a produção do seu livro. Prazer!
>
> Fabio, trago hoje com muitíssima alegria o seu livro editado. Primeiro, eu e Fran gostaríamos de parabenizá-lo pelo trabalho. Seu livro está incrível e muito redondo.
>
> Temos certeza de que muitos empreeendedores serão impactados

> Mãe, olha que boa notícia... 😍😍😍😍😍

> Amanhã vou sentar cedo e trabalhar forte para terminar...

> 🙏😊

> Que beleza filho!! Parabéns!!

> Você é demais! Te amo 🖤🤗

> Ainda nem vi o que veio de alterações... estou curioso, mas relaxando... amanhã eu entro com fé

> Te amo, mãe 🖤

> Te amo muito 🖤🤗

EM HOMENAGEM A GLÓRIA